暮らしの中にある
日本の伝統色

和の色を愛でる会

ビジュアルだいわ文庫

大和書房

はじめに

日本の伝統色、と聞いてどんな色が思い浮かぶでしょうか？
浅葱色《あさぎいろ》や萌黄《もえぎ》、藤色《ふじいろ》といった「なんとなく聞き覚えのある色」が
ぱっと浮かんだかもしれません。
日本には古来より伝わる美しい伝統色が数多くあります。
本書では、そのなかから１７３色を色のグループごとに紹介していきます。
平安の貴族社会の美意識、豊かな自然に根差した暮らし、
人々の粋な心と創意工夫……。
思いもよらぬエピソードが伝統色には潜んでいます。
そして、それらの色は受け継がれて現在の暮らしにおいても息づいています。
豊かで美しい色の世界、
それは日常を彩る花のようなものに思えてくるかもしれません。

暮らしの中にある
日本の伝統色

目次

この本を読んでいただく前に

＊各色のCMYK数値は、別途246頁からの色見本にまとめてあります。
＊写真は、紹介色と全く同一の色ではありません。
また、必ずしも紹介色の由来を表すものではありません。
＊色の由来に関しては諸説あるものも多いですが、
この本では代表的だと思われるものを紹介しています。

1章
赤系の伝統色

紅

くれない・べに

一般女性は着られなかった憧れの色

大量の紅花《べにばな》で何度も染め重ねた鮮やかな赤色。紅差指《べにさしゆび》（薬指の別名）の呼び名もある、女性と縁《ゆかり》が深い色です。紅花は染料、頬紅や口紅の化粧料、画料、漢方薬にも用いられました。「片紅一両は金一両」といわれた江戸時代には蘇芳《すおう》や茜《あかね》などで染めた似紅《にせべに》や紛紅《まがいべに》が横行。紅花で染めた本紅《ほんべに》（真紅《しんく》、深紅《しんく》）は一般に着用できない禁色《きんじき》で、平安時代から近世まで女性の憧れでした。「呉《ご》（中国）から伝わった藍《あい》（染料）」を意味する「呉藍《くれのあい》」が転訛《てんか》して「紅《くれない》」になったとされます。紅花は棘が朝露でやわらかい早朝に先端の花を摘むので、「末摘花《すえつむはな》」ともいわれます。「外のみに見つつ恋せむ紅の末摘花の色に出でずとも」（『万葉集』巻十）。

退紅

あらぞめ・たいこう

官人にも使われた、褪せた紅色

黄みがかった赤。紅花は退色しやすいため、多くは鬱金《うこん》や黄蘗《きはだ》など黄色い染料で下染めした後に染色されました。下染めが残る褪《あ》せた紅染《くれないぞめ》は許《ゆる》し色として平安時代には下級官人の狩衣《かりぎぬ》に用いられ、仕丁《じちょう》や雑役《ざつえき》の服色として、その人たちの呼び名にもなりました。伝統色より華やかな赤みのオレンジ色をした退紅が明治から大正にかけて流行します。

薄紅

うすべに・うすくれない

西行法師にも詠まれた温かな色

下染めの黄色染料が濃く残るために全体的に黄みがかっていて、ややくすんだ淡い紅色。鮮烈な赤の紅色に比べて控えめな温かさがあり、おだやかな抒情性を感じさせます。西行法師は、「たぐひなき思ひいではの桜かな　薄紅の花のにほひは」と、出羽国《でわのくに》（現在の秋田県・山形県）で薄紅の桜が美しく咲き誇る情景を詠んでいます（『山家集・上』）。

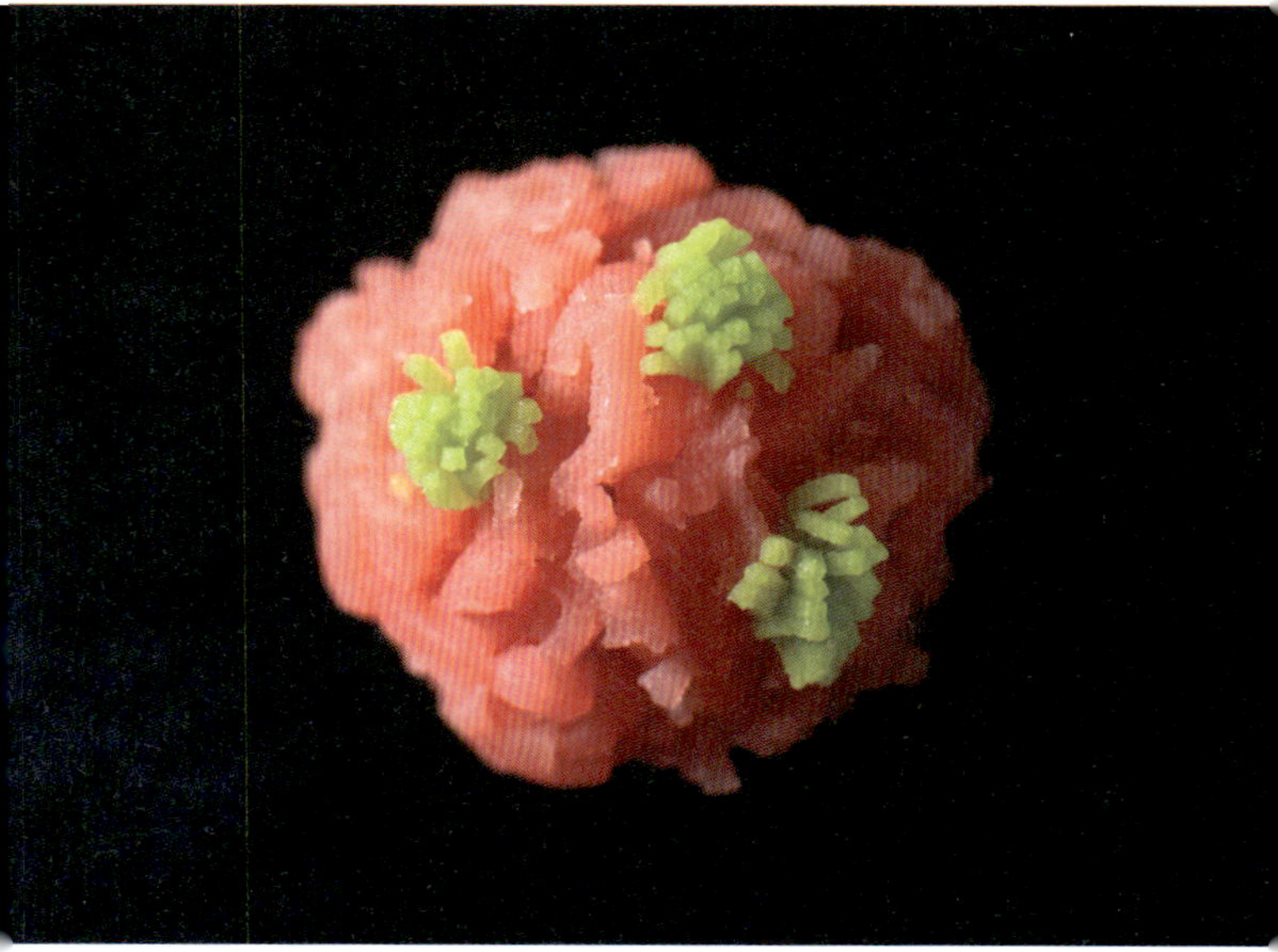

韓紅

からくれない

濃く染められた美しき紅

濃い赤色。ひときわ鮮やかで、紅の美称に使われます。原産地のエジプト、エチオピア周辺からシルクロードを渡ってアジアにもたらされた紅花《べにばな》の由来を表す「舶来」の意味と、深紅の美しさを強調して、韓紅または唐紅の和名がつきました。同時代、「紅の八塩（8回染めるという意味）」と呼ばれた紅花の濃染《こぞめ》です。『延喜式《えんぎしき》』（平安時代中期に編纂された『養老律令《ようろうりつりょう》』に対する施行細則を集大成した古代法典）には、「韓紅花、綾《あや》一疋《ぴき》、紅花大十斤《きん》、酢一斗《と》、麩一斗、藁三圍《い》」で染めるとあります。美しい紅葉が川面に映る様子を、在原業平《ありわらのなりひら》は「千早《ちはや》ぶる神代《かみよ》もきかず龍田川からくれなゐに水くくるとは」と詠んでいます。

桜色

さくらいろ

日本人にこよなく愛される花の色

紅染のなかでもっとも淡く、春を代表する薄紅色。風土だけでなく、日本人の美意識も象徴する国花の色です。古代神話以前、桜は神さまが根元に鎮座した木とされ、豊作を願う信仰が生まれました。奈良時代には、神事から貴族が桜の花を楽しむ行事に変化し、江戸時代には庶民にも桜のお花見が娯楽として広まります。現代の桜といえば江戸時代に生育された染井吉野が代表的ですが、『古今和歌集』や『源氏物語』に登場し、襲《かさね》の色目《いろめ》（薄い絹の袿《うちき》の重ねが裏から透けて現れる美しいグラデーションに四季折々の色彩を取り入れた、装束の配色パターン）にもその名がある当時の桜は、赤い若葉に白い花が咲く山桜でした。

撫子色

なでしこいろ

大和撫子の由来にもなった花の色

やわらかな薄紅色。秋の七草の一種で、可憐なピンク色をした撫子の花に由来します。撫子は「撫でるように可愛がる愛しい子」という意味で、大和撫子という日本女性の清楚な美しさをたたえる語にも転じました。また、大和撫子は河原撫子という日本古来の植物の異名でもあります。『延喜式《えんぎしき》』や『出雲国風土記』に記述され、『万葉集』に詠まれた花も河原撫子のことで、中国渡来の唐撫子（石竹《せきちく》）とは少し色と形が異なります。平安時代には、襲《かさね》の色目《いろめ》にも撫子の名称が用いられています。色目は表紅梅、裏青などとされます。女性の優しさと華やかさ、そして野の花の可憐な風情が込められた色名です。

躑躅色

つつじいろ

着物の色味にもよく使われた赤紫色

赤い躑躅の花のような明るい赤紫。平安時代の襲《かさね》の色目《いろめ》には4月に躑躅の色目があり、衣の配色として人気だったことがわかります。春から初夏にかけて赤や白やピンクの花を咲かせる躑躅は古くから日本の山野に数多く自生していて、現代でも豊富な園芸品種があります。『万葉集』でも、山躑躅や岩躑躅の美しさが詠まれています。

牡丹色

ぼたんいろ

明治文学を彩った華やかな紅色

牡丹の花弁の重なり部分のような紫がかった濃い紅色。牡丹は「富貴花」とも呼ばれ、中国を代表する花です。襲《かさね》の色目《いろめ》に「ぼうたん」の表記があり、『蜻蛉《かげろう》日記』『枕草子』『栄花物語』などにも描かれていることから、平安時代には日本に渡来していたことがわかります。明治文学にも牡丹色は多く登場し、当時の女性に大流行しました。

真朱

しんしゅ

朱肉にも使われた権威を表す色

天然の硫化水銀鉱物の朱色。朱丹《しゅたん》、丹砂《たんさ》などの別名があります。きわめて上質な中国湖南省の辰州産の朱が有名で、天然朱は一般に辰砂《しんしゃ》と呼ばれるようになりました。『万葉集』には真朱《まそほ》と詠まれています。古来、朱色は権威の象徴で、平城京や平安京の宮城（大内裏）でもっとも重要な朱雀門や神社の鳥居、朱肉や朱墨に用いられた色でもあります。

洗朱

あらいしゅ

淡く優しげな和装の定番色

朱を洗い弱めたような橙色がかった淡い朱色のこと。朱塗りの漆器に用いられる色名で、昭和初期の和装に取り入れられ、現代でも定番の朱色です。流行したのは明治以降だとされます。化学染料による鮮やかな洋風の色がもてはやされた明治時代、対照的に伝統的な日本調の色も新しく生み出されました。その流行色のひとつが洗朱です。

銀朱

ぎんしゅ

化学染料によって生まれた鮮やかな朱

水銀と硫黄を混ぜて昇華し、人工的につくられる黄みの深い鮮やかな朱色です。古くから、中国では非常に貴重な天然染料の代わりに水銀を使って、人工的に朱をつくる技術が考案されていました。明時代（1637年）にまとめられた『天工開物《てんこうかいぶつ》』（産業技術書。日本でも江戸時代に珍重されました）によれば、皇帝が用いる高級な品には、天然朱だけを用いたとあります。日本に普及し出したのは明治時代で、いっそう明るくて華やかな洋風の色としてほめそやされました。鮮やかな人造朱がつくれるようになった明治以降の銀朱（洋名・バーミリオン）が、現代でいうところの朱色をさします。

鴇色

ときいろ

鴇の羽の薄い紅色に由来

淡い紅色。江戸時代になると身近な鳥が由来の色名が登場しました。朱鷺は、明治以降の乱獲や環境汚染によって絶滅の危機に瀕して特別天然記念物、国際保護鳥に指定されています。しかし明治のはじめまでは日本各地に生息し、「鴇色」と聞いた人がすぐに翼の外縁の風切り羽の淡いピンク色を連想するくらい、親しまれていました。その一方で古くから淡紅色の羽が尊ばれ、伊勢神宮の儀式用の太刀の柄飾りには、いまでも朱鷺の羽が用いられているといいます。近世、和装で若い人に流行し、品がいいこしらえに欠かせない色でした。現代でも若い女性に好まれます。「鴇色に銀《しろがね》の雨を刺す針差を裏に」（夏目漱石『虞美人草《ぐびじんそう》』）。

緋色

あけいろ・ひいろ

日本人の魂に根差す、赤い色

茜染のわずかに黄みがかった明るい赤色。もとは緋《あけ》、真緋《あけ》といわれ、「明かし（明るい）」が語源という説もある赤に通じています。赤は、太陽（天照大神）、火、血を象徴し、古来、日本人が魂の根源とした神聖な色。現代でも巫女《みこ》装束として、緋袴が用いられています。火色とも書き、「思ひ」のひにかけて熱い情熱を表す色ともいわれます。

茜色

あかねいろ

古代から日本人が慣れ親しんだ色

藍《あい》と並ぶ最古の植物染料のひとつ、茜（根が赤いことから命名）で染める沈んだ暗赤色。「茜さす」は鮮やかな茜色に照り映える様子を意味しますが、『万葉集』では日、昼、照る、君、紫などにかかる枕詞とされました。夕暮れどきの空だけではなく、万物が茜色に色づく形容からわかるように、万葉の時代から日本人の生活に深く根差した色です。

猩々緋

しょうじょうひ

戦国武将の羽織に使われた朱色

緋《あけ》のなかでとくに強い黄みがかった深い朱色。猩々は猿に似た中国の霊獣で、その血で染めた伝説もありますが、実際はコチニールという、てんとう虫に似た虫の雌を乾燥させて粉末にした染料を用いたとされます。南蛮渡来の猩々緋の羊毛に魅せられた戦国武将たちは、鮮烈な色の天鵞絨《ビロード》や羅紗《ラシャ》を用いた異国趣味あふれる陣羽織で意匠を凝らしました。

蘇芳色

すおういろ

高貴な人に愛された希少な色

紫みのくすんだ赤。蘇芳はビルマ(現ミャンマー)、インドなどが原産のマメ科の低木で、中国から奈良時代に伝来。襲《かさね》の色目《いろめ》にもあり、貿易に頼る希少で美しい色が高貴な人々に珍重されました。媒染《ばいせん》に明礬《みょうばん》を使うと赤紫、灰汁《あく》を使うと紫に染まります。希少性が薄れた江戸時代に紅《べに》花《ばな》や紫の代用として盛んに使われ、「似紅《にせべに》」「似紫《にせむらさき》」と呼ばれました。

葡萄色

えびいろ

『枕草子』にも詠まれた着物の色

やや淡い赤紫。山葡萄《やまぶどう》の古名「葡萄蔓《えびかずら》」の熟した実に色が似ているのが由来。王朝の人々に親しまれた色で、清少納言は、『枕草子』八十三段の「めでたきもの」に「葡萄染の織物」をあげています。襲《かさね》の色目《いろめ》としては四季に通用し、「表蘇芳《すおう》、裏縹《はなだ》」などがあります。江戸の中期からは「ぶどういろ」と呼ばれ、海老色と区別されるようになりました。

臙脂色

えんじいろ

紅型染に使われる濃い赤色

濃い赤。植物性の正《しょう》臙脂と、臙脂虫（貝殻虫科の昆虫など）の雌を原料とした動物性の生《しょう》臙脂に区別されました。大量の虫が必要な生臙脂は、より貴重な品でした。色名は明治以降のものです。現代でも友禅や沖縄を代表する伝統的な染色技法の紅型《びんがた》の染料に使われています。早稲田や上智をはじめ多くの大学でスクールカラーに用いられています。

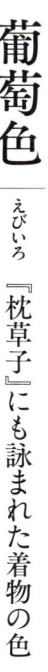

小豆色《あずきいろ》

ハレの日の食卓を彩る色

マメ科ササゲ属の赤小豆の実のように黒みがかった暗い赤。『古事記』にもこの名が記載されていますが、色の名前として使われたのは江戸時代といわれています。同系統の小豆茶、小豆鼠《ねず》とともに着物の表に多く用いられました。古くは魔よけの力があるとされた小豆の料理がハレの日の食卓を彩るようになって、色名が広く通用するようになりました。

紅絹色《もみいろ》

着物の裏地や下着にも使われた色

鮮やかな黄色がかった紅色。黄色い梔子《くちなし》や鬱金《うこん》の下染めに紅花《べにばな》で上染めして仕上げます。紅花から黄色い汁が出なくなるまで、花弁を樽の水にもみ出したことからこの名がつきました。赤い色素は血行をよくするので、昔の人たちは肌に近い裏地や下着に紅絹を用いたとされます。ただし、いつまでも色落ちが激しいので取り扱いには注意が必要です。

桃色

ももいろ

桃の節句に代表される神聖な果実の色

淡く染めた紅花色。盛りの美しい桃の花を連想させる色です。衛士《えじ》などの、位が高くない兵士が着用し、近代では女性の襦袢《じゅばん》や下着の色などに使われた庶民的な色です。古来、原産の中国で桃は邪気を祓う不老長寿の仙木《せんき》・仙果《せんか》（仙人に力を与える木、果物）とされ、祝事《ほぎごと》に重用されています。日本でも桃は神聖で、伊弉諾尊《いざなぎのみこと》が桃の実を投げつけて黄泉《よみ》の軍勢を退散させるくだりが『古事記』にあります。現代でも、女の子の厄除けと健康を願うひな祭りには桃の花が欠かせません。季節の節目に身の穢《けが》れを祓《はら》った平安時代の五節句のひとつ「上巳《じょうし》の節句」が起源となり、室町時代に3月3日の桃の節句が定着したといわれます。

一斤染

いっこんぞめ

一般の人にも許された薄い紅色

紅花《べにばな》で染めた薄い紅色。貴重な紅花を大量に使い、複雑な工程で染める濃い色は、平安時代には経済政策の配慮からも禁色《きんじき》でした。そこで淡い紅色がさまざまに生まれ、一般に許《ゆる》し色とされたのです。規制の基準である絹一疋《びき》（二反）をわずかな紅花一斤《きん》（６００g）だけで染めた一斤染は、限界の濃度まで表現した紅色として人々の間で流行しました。

赤白橡

あかしろつるばみ

複雑な工程でつくる洗練された黄赤色

白みがちの淡い黄赤色。橡《つるばみ》は、櫟《くぬぎ》（ブナ科の落葉高木）の古名です。古くから、実の団栗《どんぐり》はさまざまな橡色の染色に使われていました。『延喜式《えんぎしき》』には、櫨《はぜ》と茜《あかね》の灰汁《あく》媒染《ばいせん》で染め出される橡の赤みのものと書かれています。洗練されたニュアンスを持つ中間色をつくる工程は複雑で、着用できたのは、当初、参議以上の高官だけでした。

紅梅色

こうばいいろ

貴族になじみ深い、春を告げる色

梅の花の鮮やかな紅色。バラ科サクラ属の落葉低木の梅は中国が原産で、万葉の時代は桜より好まれました。『万葉集』に収められた１２０首ほどの梅の歌はいずれも白梅で、紅梅は平安時代にはじめて輸入されました。寒気が残る旧暦の2月、甘い香気で春の訪れを知らせる梅は、凜とした気品で王朝人《おうちょうびと》を魅了したのでしょう。しかし清少納言は見飽きする色ともいい、『枕草子』二十二段「すさまじきもの」（興ざめなもの）では「三四月の紅梅の衣」と季節外れの装いをあげています。それほど人々に愛された平安の流行色でした。襲《かさね》の色目《いろめ》はやや薄い薄紅梅《うすこうばい》、一重梅《ひとえうめ》、色が濃い莟紅梅《つぼみこうばい》、梅重《うめかさね》と繊細に濃淡が分けられています。

今様色

いまよういろ

平安時代の流行色

紅花《べにばな》で染めたかなり濃い赤色。「今様」は平安時代の「今流行《はや》り」の意味で、王朝の女性が深い赤色を愛したことがわかります。『源氏物語』には、光源氏が最愛の紫の上に贈る衣装を選ぶ場面で「紅梅《こうばい》のいと紋浮きたる葡萄《えび》染めの御小袿《こうちき》、今様色のいとすぐれたる」という描写があり、高貴な人しか着用できない禁色《きんじき》に近い濃い色だと推測されます。

蒲色

かばいろ

和装小物にも使われる黄赤色

かなり濃い黄赤色。赤みの橙は、和装小物に使うと粋なアクセントになります。ガマ科ガマ属の多年草・蒲《がま》の円柱状の花穂《かすい》（稲穂のように長い花軸に花が群がってつく花序）に見られる黄赤色が語源とされます。樺色と混同されてきましたが、カバノキ属樺桜の樹皮の色は茶系統で、厳密には、この2つは異なる色と認識されています。

2章
黄・橙系の伝統色

山吹色

やまぶきいろ

紫の上も着ていた、平安時代からの色

鮮やかな赤みの黄色。桜が終わる晩春に咲くバラ科の低木、山吹の花の色で、平安時代から明るい黄色に使われる伝統色名です。「春雨ににほへる色も飽かなくに　香さへなつかし山吹の花」（『古今和歌集』よみ人知らず）。けぶる春雨に濡れそぼった黄色はうっとりと美しく、その上、香りまで懐かしいと山吹への愛着が語られています。『源氏物語』で、光源氏が見初める幼い紫の上が着ていたのは白い袿《うちき》と山吹の襲《かさね》でした。「山吹色のお菓子」（小判の隠語）のように、江戸時代には黄金色《こがねいろ》とも呼ばれました。梔子《くちなし》の実を煎じて染め、わずかに蘇芳《すおう》の赤みをかけた色は輝きがないだけで、確かに黄金とよく似ています。

鬱金色

うこんいろ

現代にもなじみ深いスパイシーな黄色

赤みを帯びた鮮やかな黄色。鬱金は熱帯アジアが原産のショウガ科の多年草で、肥大した根茎を染料とします。古くから、薬用や香辛料にも用いられていました。日本に伝わった時期は諸説ありますが、平賀源内が著した『物類品隲《ぶつるいひんしつ》』（宝暦13・1763年）には享保時代に渡来したとあります。東南アジア、中国、琉球などから輸入していましたが、九州などの温暖な地域でも育成されるようになりました。鬱金には防虫効果もあり、木綿に染めて骨董や着物を包んだり、子どもの衣装に仕立てたりした鬱金文庫が知られます。現代でも、ターメリックとしてカレー粉や漬物の着色に欠かせません。

承和色

そがいろ

仁明天皇が愛された黄色の菊の色

少しくすんだ黄色。色名は、平安京に都を遷《うつ》した桓武天皇の孫・第五十四代仁明《にんみょう》天皇に由来します。聡明な天皇が漢学や文学、書と共にことのほか愛されたのが黄菊でした。いたる所に植えられて衣装も黄菊色をお召しになったので宮中でこの色が流行しました。天皇の在位の年号「承和《じょうわ》」が段々と変化して、「承和《そが》菊」「承和《そが》色」になったとされます。

刈安色

かりやすいろ

奈良時代にあった
もっとも古い黄色みの色

やや緑みを含む淡く澄んだ黄色。奈良時代の『正倉院文書《もんじょ》』に記述がある黄系でもっとも古い色名です。イネ科ススキ属の多年草で薄《すすき》に似た刈安で染めます。和紙の染色にも用いられたようで、『正倉院文書』には「刈安紙」の記述があります。長い間、緑系を染めるために藍《あい》と併用されていて、平安時代の『延喜式《えんぎしき》』にもそうした記載が見られます。

菜の花色

なのはないろ

春の訪れに欠かせない、黄色い花の色

ほんの少し明るい緑が入った鮮やかな黄色。油菜《あぶらな》（菜種《なたね》）の花の色です。もとは菜種色と呼ばれた色でした。「菜種油色」と混同されるのを避けるために、花弁の名にあらためられたのは比較的新しく、近代のようです。種から油を採取するために、江戸時代から各地で菜の花が栽培されるようになりました。かぶや白菜や野沢菜など、アブラナ科アブラナ属の野菜はいずれも黄色い十字花をつけるので、これらの花も総称して菜の花と呼ばれます。「いちめんのなのはな」のフレーズが24回もくり返される山村暮鳥《ぼちょう》の詩「風景　純銀もざいく」に、春に大地を黄色く染める菜の花畑の壮大さが豊かに描写されています。

卵色

たまごいろ

『好色一代男』にも記述のある黄色

明るく温かな黄色。ゆで卵の黄身の色、白身と黄身を攪拌《かくはん》した色と諸説あります。卵色の染色が行われたのは江戸時代前期。寛政年間の流行歌「はたおり唄」には「真木の霜降り卵色」とあります。また、井原西鶴の『好色一代男』（天和２・１６８２年）に「卵色の縮緬《ちりめん》」との記述もあって、当時の流行色だったことがわかります。

鳥の子色

とりのこいろ

鶏卵の殻を表す、鎌倉時代からの色

やや灰色がかった黄色。鎌倉時代から見られる伝統色で、鶏卵の殻の色を表しています。現代で一般的な鶏種《けいしゅ》・白色レグホンの白い殻と異なり、薄い黄茶色です。上質な和紙の「鳥の子紙」の色と混同されることもありますが、厳密には異なる色相。襲《かさね》の色目《いろめ》は表が瑩色《みがきいろ》（光沢のある白）で裏が蘇芳《すおう》。老人が日常的に着る色だったとあります。

纁

そひ

現代にも受け継がれている、奈良時代から続く色

緋色《あけいろ》の淡く明るい赤橙色。緋色と同じように、アカネ科茜《あかね》と灰汁媒《あくばい》染《せん》で染められます。奈良時代の『養老律令《ようろうりつりょう》』（757年施行の基本法令）の「衣服令《えぶくりょう》」には纁、『令集解《りょうのしゅうげ》』（平安時代の官人・惟宗直本《これむねのなおもと》が編纂した私撰《しせん》の『養老律令』注釈書）には蘇比とあります。中国の纁《クン》の字を当てていますが、こちらはもっと濃い赤色です。紫に次ぐ高位の色だった時期もある本緋《ほんひ》に対して、淡い纁は、『延喜式《えんぎしき》』によると、孫王およびそれ以下の諸王の衣装として規定されています。現代において纁（または蘇比）という色名はなじみが薄いかもしれませんが、現在でも菓子や伝統的な茜染などに使われています。

黄蘗色《きはだいろ》

防虫効果が重宝された黄緑色

明るい黄緑色。黄蘗はミカン科落葉樹の高木で、鮮やかな黄色い内皮《ないひ》の煎汁《せんじゅう》で染めます。単独よりも下染めに多用されたようです。蘗とは肌、皮の意味で、奈良時代にすでにあった古い色名。樹皮を、おうばくともいいます。色の美しさより防虫効果が珍重されたようで、黄蘗紙を用いた経文や公文書が法隆寺や東大寺正倉院に所蔵されています。

芥子色《からしいろ》

食卓に欠かせない芥子の濃い黄

くすんだ濃い黄色。アブラナ科の多年草、芥子菜の種子を粉末にした和芥子、または水を加えた練り芥子のような色です。香辛料としての芥子の歴史は東洋・西洋ともに古いのですが、色名が生まれたのは近代のこと。新しい名ながらも男女や和洋を問わず服飾品に用いられ、ゴールド系統を表現するのに欠かせない色名です。

菜種油色《なたねあぶらいろ》

江戸時代に流行した、緑みの黄色

緑がかった深いくすんだ黄色。アブラナ科の油菜《あぶらな》の菜種から搾った精製前の菜種油のような色です。菜種色、油色ともいわれます。染色がはじまったのは、菜種油が一般に灯油として使われ出した江戸時代のこと。元文《げんぶん》年間（１７３６～１７４１年）には麻裃《あさかみしも》の色として、天明《てんめい》年間（１７８１～１７８９年）には裏付き裃の色として流行したといいます。

萱草色《かんぞういろ》

喪の色としても使われた橙色

明るい黄みがかった薄い橙色。ユリ科の萱草の花の色が由来の古い色名で、くわぞう色ともいわれました。「身につけると憂いを忘れる」という中国の故事に則《のっと》って、萱草の別名が「忘れ草」だったため、平安時代には忌事《いみごと》に用いる喪の色とされました。『源氏物語』にも、萱草色の袴や単衣《ひとえ》が登場します。

女郎花色

おみなえしいろ

女性にたとえられる秋の七草の色

秋の七草のひとつに数えられるオミナエシ科女郎花の花のように、かすかに緑がかった黄色。女郎花は「思い草」ともいわれ、万葉の時代から多くの歌に詠まれました。「女郎《じょろ》」が令夫人の敬称だったことから女性にたとえられる花で、たおやかな気品や優美さを感じさせます。平安時代の色目《いろめ》にもその名があり、『源氏物語』には「紫苑色《しおんいろ》の花やかなるに、女郎花の織物と見ゆる、重なりて袖口さし出でたり」と、秋にふさわしい襲《かさね》として登場します。女郎花の織物は、表の経糸《たていと》が藍染、緯糸《よこいと》が刈安《かりやす》のような黄色。襲の裏は女郎花の萼《がく》を表す青緑だと考えられます。2色で織った布は、角度や光の加減で豊かに色相を変化させます。

柑子色

こうじいろ　平安時代から伝わる、柑橘の色

蜜柑色《みかんいろ》をやや薄くしたような明るい黄赤。「かんじいろ」ともいわれます。柑子は日本原産の蜜柑の一種コウジミカンを略した名前です。色名としては蜜柑色よりも古く、平安時代から記述があります。アカネ科梔子《くちなし》とキク科紅花《べにばな》などを合わせて染めたと伝えられていて、凶事には赤に代わって用いられたとされます。

洗柿

あらいがき　文字通り、洗われて色が薄くなった橙

洗い晒《ざら》して褪《さ》めた柿色のように、淡くなった橙色。井原西鶴の『好色一代男』（天和2・1682年）に「あらひがきの袷帷子《あわせかたびら》に、ふと布の花色羽織」の記述と、「わが身ながら是は酷ひ物といふ」のくだりがあり、美しい色だとは思われていなかったことがわかります。洗の修飾語は、橙から赤系統の染色によく使われました。

梔子色

くちなしいろ

「もの言わぬ」濃い黄色

アカネ科梔子の実で染めた赤みのある濃い黄色。支子色とも書きます。初夏に、芳香が漂う白い花を咲かせる梔子は、晩秋には赤みのある黄色い実をつけます。その色を由来とし、そのまま色名となりました。平安時代に、梔子だけで染めた色は「黄支子《きくちなし》」と呼ばれた伝統色名です。皇太子が着用される黄丹《おうに》に色が似ているため、禁色《きんじき》とされた時代もありました。「口無し」にかけた「言わぬ色」として、多くの歌人に詠まれました。「九重にあらで八重咲く山吹の　いはぬ色をば知る人ぞなし」（『新古今和歌集』巻十六・円融院）。実の山梔子《さんしし》は食品などの着色料、生薬としても用いられています。

橙色

だいだいいろ

明治以降に定着した、オレンジ色

鮮やかな黄赤色。蜜柑色《みかんいろ》、柑子色《こうじいろ》と同じ色相ですが、ヒマラヤ原産のミカン科橙の熟した果皮の薄い赤色をさします。この色名が使われたのは明治以降だろうと考えられます。現在では、一般的にオレンジ色と呼ばれて、食品や服飾品やインテリアなど、暮らしのなかに広く定着しています。橙の実は冬になると黄色く色づきますが、成熟しても木から落ちることがありません。そして、翌年の夏にはまた緑色を帯びて、2〜3年も枝についていることから「代々栄える」に通じるとされて、縁起のよい正月飾りとなりました。果汁は料理、果皮は漢方で橙皮《とうひ》という健胃薬に用いられます。

曙色

あけぼのいろ

この色の染めが江戸時代には流行

夜明けの空を思わせるやや橙がかった桃色。早暁《そうぎょう》の空に浮かぶ雲の色を表した東雲色《しののめいろ》とほぼ同じ色とされます。曙の空のように、紅や紫や藍《あい》や鼠などの色で着物の上にいくほど濃くぼかし染めにし、裾を10〜15cm白く染め残して友禅模様を描いた曙染が流行した江戸時代前期に、色名として使われはじめました。

照柿

てりがき

数多くある柿色のなかでも熟した柿色

赤みがかった濃い橙色。秋に熟した柿の表皮の色を表しています。柿は、平安時代から色名に使われていますが、一般的になったのは室町時代のようです。ひとくちに柿色といっても多彩な濃淡があって、「水柿《みずがき》」「洗柿《あらいがき》」「大和柿《やまとがき》」「洒落柿《しゃれがき》（晒柿《されがき》のもじり）」「近衛柿《このえがき》」「柿渋《かきしぶ》」など、数多くの色調に分けられています。

黄丹

おうに　絶対禁色とされた、皇太子の礼服と袍の色

梔子《くちなし》の下染めに紅花《べにばな》で染め重ねた赤みを帯びた橙色。「おうたん」「おうだん」とも読みます。奈良時代の『養老律令《ようろうりつりょう》』の「衣服令《えぶくりょう》」で昇る朝日を意味する黄丹は皇太子の礼服《らいふく》と袍《ほう》（朝礼服の上衣）の色とされ、絶対禁色《きんじき》のひとつとされ、現代に受け継がれています。顔料の鉛丹の別名を黄丹といい、その色に似ていることが名前の由来です。

朱華色

はねずいろ　移ろいやすい心情の隠喩にも使われた色

白みを帯びた淡い紅色。『日本書紀』には、天武天皇の御代に親王以上に許された最高位の色とあります。色が褪《あ》せやすいことから、移ろいやすさの枕詞としても使われました。万葉集の代表的歌人である大伴《おおともの》坂上郎女《さかのうえのいらつめ》は、「思はじと言ひてしものをはねず色の移ろひやすきわが心かも」と、思いきれない複雑な恋心を朱華色に重ねて詠みました。

赤朽葉

あかくちば

落ち葉を表す、くすんだ橙色

赤味が強い濃くくすんだ橙。落葉の色からつけられた「朽葉色《くちばいろ》」を基調として派生しました。平安時代からの優美な伝統色名です。襲《かさね》の色目《いろめ》は秋で、表は赤みがかった黄色、裏は黄色とされます。赤く色づいて、枝から地上に落ちたばかりの紅葉を表現した襲です。『蜻蛉日記《かげろうにっき》』や『宇津保《うつほ》物語』をはじめ、平安文学によく登場する色名のひとつでもあります。王朝人《おうちょうびと》は「朽葉四十八色」といわれるくらい落葉の微妙な色付きの変化を見分けていて、「黄朽葉《きくちば》」「青朽葉《あおくちば》」「濃朽葉《こきくちば》」「薄朽葉《うすくちば》」などさまざまな色名を生み、初秋から晩秋の装いに取り入れました。織は縦糸《たていと》が赤、緯糸《よこいと》が黄とされているので、やはり橙色だったと考えられます。

3章
青系の伝統色

浅葱色

あさぎいろ

江戸時代に普及した緑みの薄い青

鮮やかな緑みの薄い青。青緑系が少ない日本の伝統色名において、広範囲に使われたであろう代表的な色名です。タデ科の蓼藍《たであい》で染め、藍染のなかでは甕覗《かめのぞき》に次いで薄い色です。葱《ねぎ》の若葉の色といわれますが、実際には緑というよりも薄い藍色です。古くは薄い黄色を表した「浅黄」の色名がありました。中世に薄い青を表す色として、青を意味する葱《ねぎ》の字に変えたといわれています。江戸時代になると、この緑がかった青色は一般に広く普及し、とくに江戸勤番の地方の下級武士が羽織の裏に浅葱木綿を用いたことが知られています。夏に似合う爽やかな色ながら、浅葱裏は野暮の代名詞として不粋な人を揶揄《やゆ》する名称でした。

丹後
天の橋立

千草色

ちぐさいろ　丁稚奉公がまとうお仕着せの色

わずかに緑がかった薄い青色。もとの名は千種《ちぐさ》色で、雑多な色、種々の草の意味でした。その後、露草の古称・千草にあらためられたようですが、田舎から商家へ奉公に出された丁稚のお仕着せや股引きに用いられる褪《あ》せた色だったようです。井原西鶴『日本永代蔵』に、古くなった浅葱《あさぎ》色《いろ》の衣類を藍《あい》などで染め直した色だとわかる記述があります。

水色

みずいろ　古くから愛された淡水の色

薄い緑がかった澄んだ淡水の色。古くから親しまれた色で、清冽《せいれつ》で爽やかな印象があります。『万葉集』には水縹《みずはなだ》の色名で詠まれており、水色とされたのは平安時代のこと。江戸時代には、空色よりも淡い水色が帷子《かたびら》の地色として流行し、夏の着物の色としても愛用されました。織り色は経《たて》糸が青、緯《よこ》糸が白とされます。

藍色

あいいろ

外国人も驚かせた国民的な青色

最古の着色染料のひとつ藍で染めた暗い青。藍染めでは縹色《はなだいろ》より暗く紺色より明るい色とされます。『延喜式《えんぎしき》』では藍と黄蘗《きはだ》を掛けた明るい緑みの青とされ、深藍色、中《なか》藍色、浅藍色、白藍色の4段階が記載されています。江戸時代以降に現在の色をさすようになりました。藍はどんな繊維にもよく染まるため、世界中のあらゆる地域で身分に関係なく愛され、日本でも、かつては天然染料の総称だったくらいに定着します。江戸時代から明治時代にかけて衣服に欠かせない色となりました。明治時代に日本を訪れたイギリスの化学者は庶民の暮らしにあふれる藍染に驚嘆し、「ジャパン・ブルー」と名づけました。

紺色

こんいろ

室町時代に発展した、欠かせない青

藍染のなかでもっとも濃く暗い紫みのある青色。室町時代、染色のなかでも紺染《こんぞめ》は商業面で飛躍的に発展し、いち早く独立した専業の藍染職人は紺掻《こんかき》と呼ばれました。江戸時代に紺屋《こうや》は一般の染物屋の代名詞になり、現代に続いています。「紺屋の白袴」「紺屋の明後日」など、多くのたとえに用いられることからも、生活に深く根差した色と生業だったことがわかります。黒と見紛《みまが》う深い紺色を染めるためには手数がかかるので、呉汁《ごじる》を用いて手軽に染めたものとは区別し、上等の濃紺は「上《じょう》紺《こん》」や「正紺《しょうこん》」と呼ばれました。現代でも清潔でフォーマルな定番色として愛されています。

空色《そらいろ》

平安時代から愛される希少な色名

紫みの淡く明るい青色。天《そら》、真《ま》空色《そらいろ》、空天色《くうてんしょく》、天色《てんしょく》、碧天《へきてん》とも書かれ、神さまがいらっしゃる昼間の晴れた空を連想させます。平安時代から使われていますが、日本の伝統色名には天体や気象に関する色名がほとんど見当たりません。青色のなかでも、色みを繊細に分類して、数多くの色名を生んだ藍色と違って、明るい空を表現する色名はこの空色のみです。中国明代（17世紀初期）の科学技術書『天工開物《てんこうかいぶつ》』（１６３７年）には「天青色」と表記されていて、淡い藍に蘇芳《すおう》を刷《は》くと記されています。濁音が入らない清々しい語感のよさで、明治、大正時代になってから、より一般的に広く使われるようになりました。

鉄紺

てつこん

箱根駅伝を彩る揺れる襷の色

ごく暗い鉄色と紺色の中間色のような緑みの青。色名に鉄の修飾語がつくと、一般的に緑みの青とされます。紺色のバリエーションとして江戸時代に生まれた色名で、紺鉄《こんてつ》、藍《あい》鉄《てつ》とほぼ同じ色で、同一とされていました。現代では東洋大学がスクールカラーに用いていて、箱根駅伝で同大学陸上競技部の選手が継ぐ襷《たすき》の色として広く知られています。

茄子紺

なすこん

伝統工芸に見られる大正の流行色

ごく暗い紫。藍染《あいぞめ》の染料は、濃く染めると染め上がりの表面が赤みを帯びて、藍の青色と干渉して紫色に見える性質があります。染料が由来の「紫根《しこん》」（明治期以降は「紫紺」）の色名で呼ばれていましたが、ナス科の茄子の実に色がよく似ていることから、この風情のある色名が大正時代に流行しました。現在でも、着物や焼き物に広く用いられます。

縹色

はなだいろ

古くは『日本書紀』にも記述のある藍色

明度が高く澄んだ薄い藍《あい》色。タデ科の藍《あい》だけを用いた純粋な青の染色で、藍より薄く、浅葱《あさぎ》より濃い色をさします。『日本書紀』（６９０年）の色制では、「追《つい》の八級には深縹《こきはなだ》。進《しん》の八級には浅縹《あさきはなだ》」とあり、『延喜《えんぎ》式《しき》』では「深縹、中縹《なかのはなだ》、次縹《つぎのはなだ》、浅縹」の4段階の色に分けられています。現在の紺色が深縹に相当し、縹色の色調は中縹に当たるものと考えていいようです。また、当て字で「花田色」とも書き、その色名を略した「花色」の別名もあります。中国から伝来した藍染は、古くは初夏に咲くツユクサ科の月草《つきくさ》（露草《つゆくさ》）で染めたことに由来して、「花田（花）色の花は、露草をさす」という説もあります。

京

留紺

とめこん

これ以上ないほど濃い紺

濃い紺色。もともと、藍染《あいぞめ》におけるもっとも濃い色名を紺色といいますが、そのなかでも、ひときわ暗い紺を呼ぶ名です。「これ以上、濃く染めようがない」という意味合いが、「留」の字に表されています。「とまりこん」とも呼ばれた色名で、紺屋《こうや》文化が発展していくなか、職人たちに使われた専門用語だったと思われます。

褐色《かちいろ》

「かっしょく」とは別の紫みの青

黒い紫みの青。暗い黄赤の「かっしょく」とは別の色です。藍を濃く染めるために布をよく搗《つ》くことを搗《か》ちといい、搗染《かちぞめ》が転じた「かちんいろ」「かち」の呼び名が江戸時代に見られます。明治時代に入り、日露戦争の頃になると武具の染め色や軍服の紺色になぞらえて、「勝」の字を当てて縁起を担ぐ「かついろ」、または軍勝色と呼ばれました。

御召茶

おめしちゃ　徳川家斉が愛用した高級縮緬の色

御召縮緬《おめしちりめん》のくすんだ緑みの青色。色名の由来は、「着る」の尊敬語である「御召」で、第11代将軍徳川家斉《いえなり》が愛用した高級縮緬を御召と呼んだことから、天皇や将軍の御召料に用いられた織物につけられた名でした。色名に茶とありますが、藍《あい》で下染めをした色相は青緑系統で、茶色よりは鼠色に近い色合いです。

甕覗

かめのぞき　江戸の粋を感じる風情ある色名

極めてやわらかな薄い青。藍染《あいぞめ》のなかでもっとも薄く、染料の藍汁《あいしる》をためた藍甕《あいがめ》に布をほんの少し浸したら染まった、布はちょっと甕を覗《のぞ》いただけという意味を由来に江戸時代に生まれた色名です。また、甕の水面に映る空を人が覗き見た淡い色を模したという説もあります。いずれも江戸っ子の遊び心を感じる粋な色名です。

桔梗色

ききょういろ

平安時代から愛される秋の代表色

青みを帯びた鮮やかな紫色。日本の秋と青紫色を代表する伝統色名です。秋の七草のひとつ、キキョウ科桔梗の釣鐘型の花が色名の由来ですが、実際の花弁よりも冴えた色です。古名は、「きちこう」「きかういろ」。『万葉集』に詠まれた時代は「あさがお」と呼ばれていました。日本の各地に古くから自生する植物だけあって、桔梗色も平安時代から愛されており、襲《かさね》の色目《いろめ》は秋に対応します。桔梗の襲は諸説ありますが、「表二藍《ふたあい》、裏濃青《こきあお》」「表浅紫《あさきむらさき》、裏青」など数種類が用いられたようです。桔梗色の染色が行われたのは江戸時代頃といわれます。「紺《こん》桔梗」、「紅《べに》桔梗」、「桔梗納戸《なんど》」、「錆《さび》桔梗」などの色が派生しました。

新橋色《しんばしいろ》

新橋の芸者が好んだ華やかな青

明るい緑みの青。明治中期に輸入された化学染料で染めています。新政府の政治家や実業家の社交場として開けた東京・新橋の芸者衆に愛好されたのが色名の由来です。新しいもの好きな新橋芸者が好むハイカラな色として明治末から大正期に流行しました。華やかで艶っぽい青は、鏑《かぶら》木《ぎ》清方《きよかた》や上村松園《うえむらしょうえん》が描く美人画の衣装の色にも使われています。

群青色《ぐんじょういろ》

美術にも欠かせなかった青い顔料の色

紫みがかった深い青色。鉱物の藍《らん》銅鉱《どうこう》（アズライト）を原料とする岩《いわ》群青《ぐんじょう》を使った顔料です。同じく鉱物の瑠璃《るり》（ラピスラズリ）が知られるまでは、もっとも美しい青とされていました。日本画の水の表現に欠かせない色で、安土桃山時代の荘厳な障壁画《しょうへきが》、江戸時代の絢爛《けんらん》な琳派《りんぱ》の屏風絵などに用いられています。

瑠璃色

るりいろ

ラピスラズリを表す至高の青

濃い紫みを帯びた冴えた青色。アフガニスタンのバダクシャン付近で採掘される希少な青い鉱物（洋名・ラピスラズリ）の色。古代、ラピスラズリは洋の東西を問わず尊ばれました。中国を渡って日本に伝わった時期は定かではありませんが、高松塚古墳の壁画に瑠璃の顔料が使われていたようです。仏教の経典には瑠璃が七宝のひとつにあげられていて、梵語《ぼんご》の音訳「吠瑠璃《べいるり》」が色名の語源とされます。「金、しろかね、るりいろの水、山より流出たる」（『竹取物語』作者不詳。平安前期の物語）。瑠璃は最高の青色の美称にも用いられ、「瑠璃紺」「瑠璃鉄」「瑠璃花色」などの色名があります。

露草色

つゆくさいろ

秋の色目に使われた可憐な色

夏の早朝に咲く露草の可憐な花の色にちなんだ明るい薄青色。露草はツユクサ科の一年草で、藍染《あいぞめ》が一般化する万葉時代以前は、この花や葉の汁で摺染《すりぞめ》をしたそうです。平安時代の襲《かさね》は秋の色目《いろめ》です。色名の優美な響きとともに、とても色落ちしやすいことから「うつろう」「消える」などの枕詞にも使われています。

舛花色

ますはないろ

五世市川團十郎が好んだ青

灰みのある淡い青色。安永年間から天明年間に生まれた色ですが、色名は江戸後期のもの。『手鑑《てかがみ》模様節用《もようせつよう》』（江戸時代刊行の染色指南書）に「舛花いろ　三舛《みます》所好の色、濃きをのしめ花色と云ふ」とあり、江戸後期の人気役者だった歌舞伎の五世市川團十郎が好み、家紋の三舛に用いて市川家家伝の色としたのが色名の由来です。

水浅葱

みずあさぎ

『誹風柳多留』にも詠まれた色

緑みの淡い青色。『手鑑模様節用《てかがみもようせつよう》』の色譜に、「俗にのぞき色とも又かめのぞきともいふ」と記されています。実際には甕覗色《かめのぞきいろ》よりもわずかに濃く、水色よりさらに淡い色。色名の水は水の色を表しているのではなく、水で洗い晒《ざら》した淡い浅葱色をさしていて、水で薄めるという修飾語の意味で使われています。『誹風柳多留《はいふうやなぎだる》』（江戸時代中期から幕末にかけて、ほぼ毎年刊行された川柳の句集）に、「おやぶんは水浅葱迄着た男」の句があり、囚人のお仕着せの色だったと推察されます。涼しげで夏にふさわしい色ながら、薄くて染めるのに手間がかからないためか、安価な色とされてしまっていたようです。

熨斗目色

のしめいろ

小袖に使われた濃い青色

灰みの強い鈍い濃い青。熨斗目とは、経《たて》に生糸《きいと》、緯《よこ》に半練糸《はんねりいと》を用いた平織りの絹織物のことです。無地のほかに縞や格子を織り出したものがあり、仕立てた小袖の多くは腰のあたりにほかの部分と異なる模様が入っていて、熨斗目模様といわれました。後に、この小袖そのものを熨斗目と呼ぶようになります。江戸時代には、士分《しぶん》以上の者が礼服として麻《あさ》裃《かみしも》や素襖《すおう》の下に必ず着用しました。現代では、お宮参りや七五三の男児の祝い着に用いられます。ほかに熨斗目に用いた地色に、「熨斗目花色」「熨斗目浅葱《あさぎ》」「熨斗目空色《そらいろ》」「熨斗目納戸《なんど》」「熨斗目紺青《こんじょう》」など青系統の色が多く派生しました。

青鈍

あおにび

王朝文学に頻出する、喪を表す色

薄く墨色がかった青色。青色に橡《つるばみ》（櫟の古名）や矢車《やぐるま》（ユキノシタ科の多年草）など墨系の染料を掛け合わせた色です。平安時代は近親者が亡くなると鈍色《にびいろ》といわれる橡などを鉄塩で発色させた黒系統の衣装で喪に服しました。亡くなった人と関係が近しいほど濃い鈍色を着用しましたが、あらかじめ青に染めたうえに薄墨色《うすずみいろ》などをかけて、王朝人《おうちょうびと》は服喪のなかに豊かな色彩感覚と洗練を表現しました。『宇津保《うつほ》物語』（平安時代中期の長編物語。作者不詳）や『源氏物語』など、王朝文学に青鈍の名が多くみられます。襲《かさね》の色目《いろめ》は表裏とも濃い縹《はなだ》とされます。江戸時代になって、鈍色系統は鼠系統の色名にあらたまりました。

納戸色《なんどいろ》

現代の和装に生きる鈍い青色

緑がかった鈍い青。江戸時代を代表する藍染《あいぞめ》で、御納戸色《おなんどいろ》ともいいます。色名の由来は「御納戸方（役人）の服の色」「納戸の暗がりの色」「城の納戸に掛けた垂れ幕の色」など諸説あります。染色の色が制限された奢侈《しゃし》禁止令下でも許され、江戸城内の納戸（収納部屋）の垂れ幕やふろしきの色に用いられました。現代でも和装で人気の色です。

錆御納戸色《さびおなんどいろ》

「錆」の字は、「侘び、寂」を表現

錆びたような灰みの暗い青。もとから渋い納戸色の彩度をさらに下げ、より渋くくすませた色です。色名の錆は侘《わ》び、寂にかかっていて、粋な言葉遊びとして江戸人にとても好まれました。地味な色相に思えますが、江戸時代に流行した藍染のひとつで、「御召御納戸《おめしおなんど》」「高麗納戸《こうらいなんど》」「鉄納戸《てつなんど》」「御納戸茶《おなんどちゃ》」「藤納戸《ふじなんど》」など多彩な色が派生しています。

4章
緑系の伝統色

萌黄《もえぎ》

歌舞伎の幕にも使われている色

強い黄緑。新緑の萌《も》えいづる草木の冴えた緑色で、萌木とも書きます。早春を感じる清爽な色名は平安時代からのもので、襲《かさね》の色目《いろめ》にも多くの配色がみられます。同音の「萌葱色」も古くは萌黄、萌木と書き表しましたが、いまは異なる色調として区別されています。現在の歌舞伎座の定式幕《じょうしきまく》には、黒・柿・萌黄の3色が使われています。

苗色《なえいろ》

平安より、夏を彩る黄緑色

淡い黄緑色。萌黄色《もえぎいろ》の薄色《うすいろ》に用いられる色名で、平安時代から夏の色として使われてきました。稲の苗のような薄い色で、別名「薄萌黄《うすもえぎ》」とも呼ばれることがあります。襲の色目に、「表淡青《うすあお》、裏黄」などの説があります。同じ夏の色のなかに、よく似た「若苗色《わかなえいろ》」がありますが、こちらはもう少し薄く、淡萌黄よりも青みによっています。

草色

くさいろ

近代以降に使われ出した素朴な名前の黄緑

くすんだ黄緑。王朝人《おうちょうびと》は植物をつぶさに観察する瑞々しい感性を持っていて、草花から名づけられた優美な伝統色名が数多く残っています。そのため単調な「草色」の色名が多用されたのは王朝文化人の時代ではなく、近代だと考えられています。春の芽吹いたばかりの若葉、秋の紅葉、冬の枯草とも異なる濃い黄緑は、緑が深まった夏の草色をさしています。類い稀なセンスを持つ王朝人には敬遠されたかもしれませんが、自然物の名前をそのまま色名にする方法は、さまざまな言語に共通しています。この草色も英名は「グラスグリーン」（grass green）。ストレートな色名には、誰もが同じ色調を思い浮かべられるよさがあります。

都をどり

若緑《わかみどり》

『宇津保物語』にも出てくる、瑞々しい緑

白がかった薄い黄みの緑色。すでに緑が色の名詞として使われていた平安時代に、とりわけ瑞々しく明るい緑が「若」の修飾語をつけた美称で呼ばれました。松の若葉を感じさせ、『宇津保《うつほ》物語』では、姫松（小さい松）の色の形容に用いられています。襲《かさね》の色目《いろめ》は「松重ね」と同じですが、年始に着ると、特別に若緑と呼ばれたようです。

柳色《やなぎいろ》

貴族に愛された、品のある黄緑

鈍い黄緑色。柳の緑は平安貴族にことのほか愛され、和歌にも詠まれました。襲の色目はお正月から4月まで用いられる「表白、裏淡青《うすあお》」の柳襲です。古い文献に柳色は平安朝で萌黄色《もえぎいろ》の経糸《たていと》と白い緯糸《よこいと》で織られた布の織色とあります。染物文化が開花した江戸時代に、「柳茶《やなぎちゃ》」「草《くさ》柳茶《やなぎちゃ》」「柳煤竹《やなぎすすたけ》」「柳鼠《やなぎねず》」など染色として多くの派生語を生みました。

緑青《ろくしょう》

日本画にも欠かせない、世界最古の緑色

くすんだ淡い青緑。現代で孔雀石《くじゃくいし》（マラカイト）と呼ばれる水酸化銅、炭酸銅からなる鉱物の色です。6世紀末に仏教の伝来とともに中国から日本に伝えられました。顔料、染料を含めて、自然界で緑色を出せる唯一の存在で、世界最古の緑色塗料です。銅が酸化した錆色も緑青といわれ、神社仏閣の装飾、彫刻、日本画に欠かせない色です。

青丹《あおに》

「青丹よし」でおなじみの緑色

暗い黄緑色。孔雀石を砕いた岩緑青《いわろくしょう》（とくに貴重な岩絵具）の古名が由来。丹《に》は土の意味です。この色を模して、藍《あい》と黄蘗《きはだ》を掛けて染められました。奈良が有名な産地で、『万葉集』に詠まれる「青丹よし」は奈良の枕詞になっています。緑釉《りょくゆう》の屋根瓦と丹《たん》塗りの柱という平城京の壮麗な風景を赴任先から懐かしむ小野老《おののおゆ》の歌です。

苔色

こけいろ

古くから日本人に愛でられた苔のような黄緑色

淡い灰みがかった、くすんだ黄緑。日本におよそ2000種あるコケ類あるいはセンタイ類の植物を総称した名前が苔で、その緑色を表します。19世紀の英語の流行色「モスグリーン」が広く使われていますが、日本人の苔への関心はそれより1000年も遡ります。平安時代前期の『古今和歌集』（913年頃成立）の巻七賀歌《がのうた》に、「我が君は千代に八千代に細石の巌と成りて苔の生す迄」（日本国歌「君が代」の原型となった和歌）が収められています。世界遺産に登録されている京都の西芳寺《さいほうじ》（苔寺）など、現代の日本人にも苔の美しさを鑑賞する文化は受け継がれています。襲《かさね》の色目《いろめ》もあって、表裏ともに濃萌黄《こきもえぎ》とされます。

抹茶色

まっちゃいろ

私たちになじみ深く
和を彩るのに欠かせない色

ややくすんだやわらかな黄緑色。良質の茶葉を蒸して乾燥させ、葉肉だけを臼でひいて微粉にした抹茶のような色です。上流階級のものだったお茶が庶民にも普及し、茶道が完成した近世になって一般化した色名だと考えられます。ちなみに英名の「ティーグリーン」(tea green)は、中国産の緑茶の色をさしています。抹茶のフレーバーがお菓子や飲み物でスタンダードになった現代の日本では、和装に限らずファッションや小物に取り入れやすい色でしょう。お茶の名所である京都を走るJR西日本の電車には、ボディカラーに抹茶色を用いた車両がいくつか活躍しています。

若竹色

わかたけいろ

健やかに生長していく若い竹の緑

黄みが薄い淡く爽やかな緑。成長しはじめたばかりの若い竹の幹の表面をイメージした色名です。伝統色のような趣がありますが、命名は近代とされます。竹の生長が進むと力強い青緑の青竹色《あおたけいろ》となり、年老いると、くすんで灰みがかった鈍い緑の老竹色《おいたけいろ》と色名の変化にも風情があります。和装に使われますが、やはり若い人に映える清々しい色です。

青竹色

あおたけいろ

縁起物とされる、竹の生命力を表す色

明るく濃い緑。成長した竹の幹を由来とした江戸中期からの色名です。ひと月に10m以上も生長し、冬でも青々とした青竹は生命力の象徴で、松竹梅のひとつにもなっています。青竹は日本古来の祭礼とも深いかかわりがあり、『万葉集』に皇子《みこ》、大宮人《おおみやびと》、大宮にかかる「さす竹の」という枕詞があります。現代でもお正月の門松や地鎮祭に欠かせません。

鶸色

ひわいろ

かわいらしい冬鳥の羽の色

緑みの黄色。ヒワ属と呼ばれる緑黄色をした小鳥（スズメ目アトリ科の一部の総称。鶸という種はいません）の羽の色に由来します。黄蘗《きはだ》、または刈安《かりやす》の黄色染料に、淡く藍《あい》を用いて染めた色です。鶸は、『枕草子』にも季節を感じさせる鳥として名が記されていて、日本で古くから知られる冬鳥です。鳥の名がつく色名としてはめずらしく古いもので、鎌倉時代に編まれた『布衣記《ほいき》』（永仁《えいにん》３・１２９５年。装束や立ち居振る舞いを解説した鎌倉武士向けの書）に、狩衣《かりぎぬ》の色として記載されたのが初出とみられています。江戸時代になると、くすんだ茶をかけた色の「鶸茶」が流行しました。ほかに「鶸萌黄《もえぎ》」などがあります。

若草色

わかくさいろ

瑞々しさの表現にも使われた春の黄緑色

明るい薄黄緑。まだ寒気が残る春先に萌《も》えいづる青みの少ない若草を思わせる色です。同じく早春の色「萌黄《もえぎ》」に似ていますが、黄みが強い若草色のほうが少し明るいといえます。春を代表する色名で、襲《かさね》の色目《いろめ》に「表淡青《うすあお》、裏濃青《こきあお》」などがあります。「若」のつく色名はその色の美称にもなりますが、加えて若草色は、古来、やわらかくて瑞々しいものにもたとえられました。『伊勢物語』第四十九段には、男が美しい妹を見て、「うら若みねよげに見ゆる若草を人の結ばむことをしぞ思ふ」（可愛い若草のようなおまえと、ほかの男が契りを結ぶと思うと切なくて惜しい思いになるよ）と、若い娘の魅力を若草になぞらえています。

裏葉色

うらはいろ

自然へのセンシティブな感覚が窺える色名

黄みが少なくごく薄い黄緑色。とくに蓬《よもぎ》や葛《くず》や柳の葉がわかりやすいのですが、ほとんどの植物の葉の裏側は、表に比べて白みによった緑色です。その色を由来とし、平安時代から使われる伝統色名です。なかでも柳は、長い葉がしなやかに風に揺れると裏側も目に留まりやすいためか、「裏柳《うらやなぎ》（裏葉柳《うらはやなぎ》）」の色名があります（裏葉色と同じ色相です）。

青白橡

あおしろつるばみ

染色に高い技術が求められた緑色

やや灰みがかった緑色。橡《つるばみ》は櫟《くぬぎ》の古名で、その実の団栗《どんぐり》が由来です。『延喜式《えんぎしき》』に詳細な染め方があり、紫根《しこん》で染めた青みの紫に刈安《かりやす》の黄色を重ねるとあります。紫根は単独での染色も難しく、この魅惑的な中間色を染めるためにはより高度な技術を要します。平安朝では天皇が着用される禁色《きんじき》でした。「麴塵《きくじん》」と「山鳩色《やまばといろ》」も同色と考えられています。

青緑

あおみどり

目を引く、青と緑の中間色

鮮やかな青緑色。『延喜式《えんぎしき》』が植物の緑より青によった色を青緑と記載してから、緑とも青ともいえない中間色を表す名になりました。青も緑系の色名で表現する平安時代において、緑色と区別したのは興味深いことですが、残念ながら固有の伝統色名は創作されていません。ＪＲ常磐線ほか電車のシンボルカラーや大半の信号機の青色に用いられています。

浅緑

あさみどり

枕詞にも使われた、春の新鮮な緑

薄い緑色。藍《あい》と黄蘗《きはだ》で染色された深緑《ふかみどり》と対をなす緑。万葉集の時代から春に煙るように萌えいづる新緑をさしました。糸、野辺、霞の枕詞でもあります。「浅緑いとよりかけて白露を珠にもぬける春の柳か」（僧《そう》正遍昭《じょうへんじょう》『古今和歌集』巻一）。万葉歌人にとっても、柳は浅緑を代表する植物のひとつでした。『養老律令《ようろうりつりょう》』で朝服《ちょうふく》七位の色とされます。

鶸萌黄

ひわもえぎ

「鶸色」と「萌黄」の間の色

青みの黄緑色。「鶸色《ひわいろ》」よりも緑が強く、「萌黄《もえぎ》」よりも黄みがかった中間色です。鶸のつく色名は、ほかに「鶸茶《ひわちゃ》」があります。江戸時代の終わりに刊行された『染物早指南《そめものはやしなん》』（嘉永6・1853年）に、「かやこくにつめて　表裏二へんづゝ　あいけし」とあり、刈安《かりやす》や薄《すすき》の類の黄色に、おそらく藍《あい》を少し重ねた色であっただろうことがわかります。

若葉色

わかばいろ

「若さ」「新しさ」の象徴の黄緑

やわらかな黄緑。生え出て間もない草木の若葉のような淡い黄緑色をさします。濃い深緑になる前の瑞々しい新緑を表す若葉は、夏の季語として広く使われます。若さや新しさをたとえる言葉でもあり、初心運転者標識も若葉マークといいます。鑑真上人《がんじんしょうにん》をいたわった松尾芭蕉の句に、「若葉して御目の雫ぬぐはばや」（元禄1・1688年）があります。

青磁色

せいじいろ

秘色と呼ばれ、宮廷で重宝された色

やわらかい青みの緑。中国で魏・晋・南北朝時代頃からつくられはじめ、宋の時代に完成した磁器の肌色が由来です。青緑色の釉《うわぐすり》のなかの鉄分が、窯《かま》焚《た》きした際に変化した独特の色みが特徴です。わが国に青磁が伝わったのは平安時代で、神秘的な青緑色の美しさは秘色《ひそく》と呼ばれ宮廷で珍重されました。緑色のほとんどに植物の色を模した日本では、青みがかった緑色を表現できることは少なく、貴重な色名のひとつだといえます。襲《かさね》の色目《いろめ》に「表裏濃縹《こきはなだ》」などがあります。日本ではじめて焼かれた青磁は江戸時代初期の有田焼ですが、色名として使われたのは近代だと考えられています。

深緑《ふかみどり》

季節がめぐっても変わらない常緑樹の色

冬にも色を変えない常緑樹のような濃い緑色。常緑樹の不変の緑は、冬枯れの季節を知る日本人には神々しく映るものでした。『養老律令《ようろうりつりょう》』（757年施行の基本法令）では、朝廷に出仕するときに着用する朝服《ちょうふく》六位の色とあります。「深緑あらそひかねていかならむ間なく時雨《しぐれ》のふるの神杉」（『新古今和歌集』巻六。後鳥羽上皇による冬の歌）。

白緑《びゃくろく》

伝統美術に欠かせない、岩緑青由来の色

白っぽく、ごく淡い緑青。鉱物の孔雀石《くじゃくいし》（マラカイト）を砕いた岩緑《いわろく》青《しょう》を、さらに細かな粒子にして、水ですった岩絵具の色を表します。色名にある白は「淡い」の意味。岩緑青は飛鳥時代に仏教とともに中国から伝来した天然の顔料で、白緑も仏画、仏像、建造物や彫刻の彩色に重用されました。夏の和装に使うと、ひときわ涼しげな色です。

松葉色《まつばいろ》

めでたき松の葉を表す黄緑色

濃い黄緑のいくらかくすんだ色。マツ科の常緑高木《こうぼく》の総称、松の木の葉の深い緑色です。移ろう四季と生きる日本人にとって、緑のまま数百年も生きる松は不老長寿の象徴で、神さまが宿る木ともされました。おめでたい色で、襲《かさね》に10代の女性が祝事《ほぎごと》に着用した松重ねがあります。松の葉色ともいい、清少納言は『枕草子』で狩衣《かりぎぬ》の色目《いろめ》にあげています。

海松色《みるいろ》

中高年に愛された深い黄緑色

茶みを帯びた深い黄緑色。浅海の磯の岩につく緑藻《りょくそう》の色です。『万葉集』にも詠まれ、鎌倉、室町時代に染色の色名として定着しました。江戸時代に広く愛好されて、「海松藍《みるあい》」「海松茶《みるちゃ》」などの派生した色が中高年に流行しました。オリーブ系の色名が少ないわが国で親しまれた色名です。襲の色目は通年のもので、やはり高齢者向けだったようです。

木賊色

とくさいろ

日本人の身近にあった秋の植物の緑色

少し黒みを帯びた深い緑色。木賊はトクサ科の多年草の常緑シダ植物です。その茎のように、濃い緑色をさします。現存する観賞用のものは竹よりもいくぶん小さい植物ですが、トクサ類は古生代に生えた植物で、絶滅する前の種は30ｍに達するものもあったといいます。茎に節があり、まっすぐに伸びた様子は竹によく似ています。この茎がとても硬くて、秋に刈り取って乾燥させておくと木材や刃物を砥《と》ぐこともできたので、砥草とも書きます。そこから「木賊刈る」は秋の季語になっています。襲《かさね》の色目《いろめ》にも名前がありますが、狩衣《かりぎぬ》の色名として登場するのは鎌倉時代になってから。江戸時代に流行したといいます。

5章 紫系の伝統色

紫

むらさき

王朝人に寵愛された古来の格式高い色

赤と青の中間の色。また、ムラサキ科の多年草の紫草《むらさきそう》の根で染めた紫根染《しこんぞめ》の色。『万葉集』にも詠まれ、紅《くれない》や藍《あい》と同じくらい古くから愛されてきました。紫は伝統色のなかでも別格で、聖徳太子が603年に冠位十二階《いじゅうにかい》を制定して以来、つねに最上位を象徴する色でした。平安時代には高貴さに加えて、気品、優美さ、なまめかしさ、めでたさ、おかし、もののあわれと、王朝人《おうちょうびと》の美意識のすべてを内包した色となります。また、『古今和歌集』に収められた人の世の縁を紫草になぞらえた歌によって、運命的な愛を表す縁《ゆかり》の色ともなり、「紫の物語」と称される『源氏物語』に結実していきます。

濃色《こきいろ》

最高位を表す禁色

紫の濃い色。濃紫《こきむらさき》、深紫《こきむらさき》ともいい、紫根《しこん》（ムラサキ科の多年草の紫草《むらさきそう》の根）で何度も繰り返し染めた黒みがかった紫。本紫《ほんむらさき》と同じ色だと考えられます。紫色自体、高貴な人のみが着用できる禁色《きんじき》でしたが、なかでも濃色は親王、内親王、臣下の一位の公式の服色とされる最高位でした。織色も経緯《たてよこ》ともに濃色で、襲《かさね》の色目《いろめ》も裏表とも濃色です。

薄色《うすいろ》

濃色に対する、淡い紫

薄い紫色。紫根染《しこんぞめ》の濃色《こきいろ》に対し、淡い紫をさす色名。浅紫《あさむらさき》ともいいます。もともとは淡い色すべてを薄色と呼んでいましたが、色の頂点として紫が文化を彩った平安王朝では、濃色、薄色といえば紫を意味するようになりました。『延喜式《えんぎしき》』には、濃色の染色には綾一疋《あやいっぴき》に対して紫草《むらさきそう》を30斤《きん》使用するのに対し、薄色は5斤と記されています。

藤色《ふじいろ》

女性の美を引き出す、淡い紫

やや青みがかった淡い紫。平安時代からの伝統色名で、藤の花に似た澄んだ色を出すために蓼藍《たであい》と紅花《べにばな》を重ねています。紫が至上の色だった平安朝で、女性の美しさを引き立てる、匂うような艶めかしい色だったことが『古今和歌集』や『枕草子』の記述から窺えます。明治文学や絵画にも多用され、現代でもフェミニンなスタイルの定番色です。

藤紫《ふじむらさき》

藤色より青みの強い明るい紫

藤の花房を思わせる藤色に似た明るい青紫。古来、平安朝の人々にことのほか愛好された藤色を、化学染料でいっそう鮮やかに、やや青みがからせた色をさし、江戸後期以降の色名と考えられています。藤紫は復古的な気分を表す色といわれ、明治から大正時代にかけても流行しました。平安時代から現代まで、ずっと女性に愛され続けている色です。

菖蒲色《あやめいろ》

菖蒲を思わせる、赤みの紫

鮮やかな赤みの紫。アヤメ科の菖蒲の花に似た色。同科の花菖蒲《はなしょうぶ》も表記が一緒で、見た目も区別しづらいほど似ていますが、菖蒲色《しょうぶいろ》は鮮やかな青みの紫です。ちなみに端午の節句に菖蒲《しょうぶ》湯に用いられるのはサトイモ科の多年草で、別の品種。平安時代からある色名ですが、菖蒲《あやめ》の赤みを帯びた色となったのは江戸時代後期のようです。

紫苑色《しおんいろ》

平安貴族が好んだ花の色

やや青みの薄紫。キク科の多年草の紫苑が色名の由来です。秋に薄紫の美しい花を咲かせる紫苑は、平安時代のはじめまでに日本に渡来したと考えられ、平安貴族が好んで植えたようです。優美な色名は、王朝文学にも数多く登場しています。襲《かさね》の色目《いろめ》では「表淡紫《うすむらさき》、裏青」という説が、もっとも紫苑の花の艶やかさを表しています。

二藍《ふたあい》

二つの藍で染めた紫

青みがかった薄い紫。タデ科の蓼藍《たであい》で染めた後にキク科の紅花《べにばな》を重ねた色を表す平安時代からの伝統色名です。紅花で染めた赤色を紅《くれない》とも呼びますが、その由来は呉《ご》の国（中国）から伝わった染料という意味の呉藍《くれあい》（藍は染料の総称）。そこから、蓼藍と呉藍の二つを用いた二藍の色名がつきました。襲《かさね》の色目《いろめ》に、「表裏二藍」などがあります。

紅掛花色《べにかけはないろ》

古典にも記述のある、風情ある色名

艶やかな明るい青紫色。色調が染色法を表していて、花色（「縹色《はなだいろ》」の略）の下染めに紅《べに》を染め重ねた色になります。『手鑑模様節用《てかがみもようせつよう》』には、「紅かけ花いろ。古、薄ふたあい」と記されていて、色調は「二《ふた》藍《あい》」の系統だとわかります。同じ染色法の色に「紅掛空色《そらいろ》」や「紅掛納《なん》戸《ど》」がありますが、もっとも紫が濃く出ているのが紅掛花色です。

名所江戸百景
大てんま町
木綿店
廣重画

半色

はしたいろ　濃色と薄色の中間の色

濃い紫と薄い紫の中間の色。半が中間を意味し、端色とも書きます。中紫《なかのむらさき》ともいわれます。紫根《しこん》で染めた「濃色《こきいろ》」と「薄色《うすいろ》」の間の紫色をさし、平安時代初期の『日本後紀』に色名がみられ、位の色になっていたようです。紫以外の色でも、禁色《きんじき》と禁色の中間の色や、禁色と許《ゆる》し色《いろ》の中間の色は半色と呼ばれて使用が許されました。

紅藤

べにふじ　江戸時代に人気の出た赤みの紫

やや赤みのある紫。薄い藍染《あいぞめ》の上に、紅花《べにばな》あるいは蘇芳《すおう》で染め重ねた赤によった淡い藤色です。江戸時代後期に人気の色だったようです。着物の色としては、藤色はしっとりとした年配向けの色、鮮やかな紅藤は若向きとされていました。紅を掛けた藤色という意味で、紅掛藤《べにかけふじ》の名もあり、また、若い人に好まれるので若藤ともいわれます。

江戸紫

えどむらさき

江戸の粋を表現する、青みの紫

青みがかった紫色。江戸時代の武蔵国《むさしのくに》（現在の東京都・埼玉県のほぼ全域、および神奈川県の川崎市と横浜市にまたがる地域を占めた旧国名）は、紫草《むらさきそう》の産地として知られました。紅染《くれないぞめ》に優れた京都の「京《きょう》鹿子《がのこ》」に対して紫は「江戸紫」と、江戸で染めた紫を総称した色名です。ちなみに、歌舞伎十八番の「助六由縁江戸桜《すけろくゆかりのえどざくら》」で助六が頭に締める病《やまい》鉢巻の色が江戸紫。「江戸紫の鉢巻に髪は生締《なまじ》め、それて刷毛先の間から覗いてみろ。安房上総が浮世絵のように見えるわ」という台詞があります。さびた赤みの京紫系の紫は「古代紫」、粋の美意識を表す冴えた青みの江戸紫は「今紫《いまむらさき》」といわれました。

京紫

きょうむらさき

古の色調を受け継いだ、京都の紫色

赤みがかったくすんだ紫。平安時代、すべての美の条件をかねそなえる色だった紫は、その後の時代でも日本人を魅了する特別な色であり続けました。江戸時代になると、紫の色調は東西で二分しますが、そのひとつが京都で染められた京紫です。武家が政権を担うようになっても、長く京都は染色の中心地でした。昔、奈良あるいは平安に都があった頃に染められた古代紫を継承したのが京都で、伝統的な紫根染《しこんぞめ》です。対する東の「江《え》戸《ど》紫《むらさき》」は、冴えた青みの紫色だといわれます。古代の色による階級制度が崩れ、格式が次第に忘れられるにつれて伝統的な京紫より、江戸紫が一般に好まれるようになったといいます。

第五弐五號
廿九回

杜若色

かきつばたいろ

湿地に佇む美しい花の色

鮮やかな紫みの青。アヤメ科の杜若の花のように、わずかに赤みがある紫色を表す伝統色名です。『万葉集』に、美しく咲いた杜若の花びらを布に摺《す》り込み、色づくのを楽しむ様子が詠われています。しかし、そうした花摺《はなず》りは染色というにはあまりに脆弱で、数日で色が消える上に水にすぐ流れてしまうため、杜若の色を模して紫根《しこん》で染めたと考えられます。

竜胆色

りんどういろ

秋を彩る青紫の花の色

薄い青紫。リンドウ科竜胆の花のように、青みがかって少しくすんだ淡い紫をさす伝統色名です。秋になると、釣鐘形の花を上向きに咲かせる竜胆は、桔梗とともに日本の秋を彩ります。襲《かさね》の色目《いろめ》は、「表蘇芳《すおう》、裏縹《はなだ》」など。清少納言は『枕草子』第六十四段「草の花は」で、霜枯れで色を失う季節に美しい紫をみせる竜胆を称賛しています。

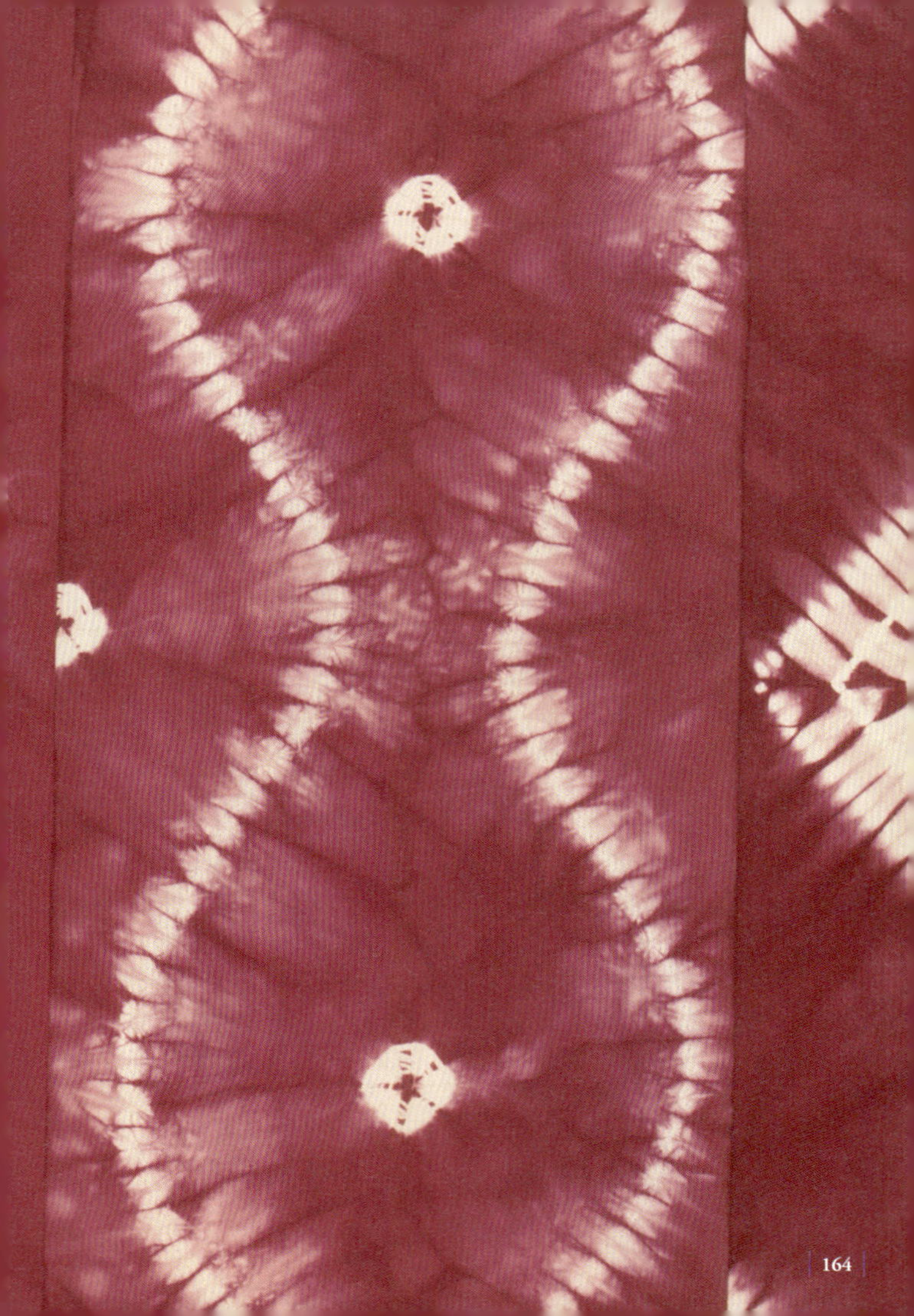

紫紺

しこん

袴や袱紗に生き続けている濃い紫

紺色がかった濃い紫。ムラサキ科の多年草、紫草《むらさきそう》の根から染めたため、もとはそのまま「紫根《しこん》」と表す色名でしたが、明治時代以降に現在の紫紺の表記となりました。よく似た色みに、茄子の濃い実の色にたとえた色名で、大正時代に流行した「茄子紺《なすこん》」があります。最高の皇室儀礼である天皇の即位の礼を彩る幡《ばん》（神話などにちなんだ刺繍を施した旗のこと）の色にも、紫紺が用いられたといいます。現代における紫紺といえば、女子袴や袱紗《ふくさ》によくみることができるでしょう。また、「大紫紺旗」といわれる春の選抜高等学校野球大会の優勝旗としても、なじみ深い色名かもしれません。

似紫

にせむらさき

庶民の紫への憧れが生んだ色

くすんだ紫。ムラサキ科の紫草《むらさきそう》の根はとても高価な上に、染色に大変な日数と手間がかかります。いつの時代も紫根染《しこんぞめ》は特別で、その色は本紫《ほんむらさき》ともいわれました。色の制限が厳しく、庶民に紫根の使用も禁じた江戸時代のはじめに藍《あい》の下染めに茜《あかね》や蘇芳《すおう》を用いて染める紫色が流行します。紫に似せた色として、本紫に対して似紫と呼ばれました。

滅紫

けしむらさき

鮮やかさと華やかさを除いた紫

紫根染による暗くて灰がかった紫。音読みで「めっし」ともいいます。紫が持つ鮮やかさと匂い立つような華やかさを取り除いた色みで、『延喜式《えんぎしき》』には、深《こき》、中《なか》、浅《あさき》の3段階の染め方が記されています。紫根染の媒染《ばいせん》の灰汁《あく》を熱くすると、紫みや赤みが滅《めっ》されてくすんだ色になるのが色名の由来です。参議以上に許される外出着の色とされていました。

菫色

すみれいろ

万葉の時代から愛された花の色

やや青みの濃い紫。春を代表する花として万葉の時代から愛された菫の花の色が由来です。平安時代からの伝統色名ですが、明治・大正時代に、合織染料で染めた菫色がバイオレットと呼ばれて、若い女性に流行しました。流行の背景には、星や菫によせて恋を詠う浪漫主義文学の与謝野晶子ら「星菫《せいきん》派《は》詩人」の活躍もあったようです。

楝色

おうちいろ

清少納言も歌に詠んだ、初夏の色

淡く、やや青みがかった紫。楝《おうち》とは、センダン科の落葉高木で、古くから親しまれた栴檀《せんだん》の古名です。楝が初夏に咲かせる淡い紫の花の色が色名の由来で、同じ読みで樗色とも書きます。清少納言は『枕草子』の中で、「木のさま憎げなれど、楝の花、いとをかし」と書いています。襲《かさね》の色目《いろめ》は夏の色で、表が紫あるいは薄色、裏が淡紫でした。

6章
茶系の伝統色

茶色

ちゃいろ

お茶の普及とともに栄えた、江戸の流行色

暗い灰みの黄赤。茶染《ちゃぞめ》および茶染のような色調の色名。中国からお茶が伝わった平安時代以降、茶の湯は上流階級のものでしたが、江戸時代中期に町人文化が栄えると、お茶を飲むことが庶民にも習慣化しました。そこで、蒸した茶の葉を煮出した汁の染色をさして、茶色の色名が生まれたのです。茶葉以外に、土や砂や樹木など自然界には茶色の染料が豊富にあります。そのため茶色は赤系から黄系まで豊かな色相を持ちますが、茶色の染色法のすべては茶染、色は茶色と統一して呼ばれるようになりました。江戸時代は茶色の全盛期で、「四十八茶百鼠《しじゅうはっちゃひゃくねずみ》」の言葉がつくられたほど多くの色が生まれ、庶民に愛好されました。

團十郎茶

だんじゅうろうちゃ

規制のあった時代に工夫から生まれた粋な茶色

くすんだ赤茶色。江戸時代、幕府は何度も奢侈《しゃし》禁止令を出して庶民に贅沢を禁じました。着物の色や素材も規制されましたが、江戸っ子は許《ゆる》し色《いろ》の灰・茶・納戸《なんど》に粋の美意識を集約し、通好みの中間色と色名を膨大に生み出します。この色名もそのひとつで、柿渋《かきしぶ》と弁柄《べんがら》で染めたので「柿渋色《かきしぶいろ》」「柿色《かきいろ》」ともいいます。歌舞伎役者の五世市川團十郎《いちかわだんじゅうろう》（1741〜1806年）が歌舞伎十八番「暫《しばらく》」の主人公・鎌倉権五郎を演じた際に着用した素袍《すおう》の柿色が色名の由来です。当時、柿色といえば團十郎色というほど大流行し、現在も、市川家一門は襲名披露の口上でこの色の裃《かみしも》を着用。歌舞伎座や国立劇場の定式幕《じょうしきまく》にも使われています。

柿渋色

かきしぶいろ

手間暇かけてつくられた江戸のなじみの色

鈍い赤茶色。渋柿の実を青いうちに搾って、そのまま2年あまり自然発酵させた上澄み液を塗った布や紙の茶色をさします。柿渋は防虫、防腐、防湿効果もある塗料として板壁や板塀にも使われました。江戸の城下町をより一層、粋な風情にみせた黒板塀《くろいたべい》には柿渋に灰や墨を混ぜた塗料を用いていています。渋柿の上澄みがいつ頃から染物や塗料に使われたのか定かではありませんが、江戸時代に「柿色」といえば柿の実にちなんだ橙《だいだい》ではなく、柿渋色を意味しました。柿渋に弁柄《べんがら》を重ねて赤みによった色も柿渋色といわれ、歌舞伎俳優の五世市川團十郎が好んだために「團十郎茶」の色名がついて、当時の江戸で大流行しています。

璃寛茶《りかんちゃ》

人気の歌舞伎役者が愛した色

暗い緑がかった茶色。江戸時代後期に大坂で人気だった歌舞伎役者の二世嵐吉三郎《あらしきちさぶろう》が愛好した色。璃寛は吉三郎の俳名《はいめい》です。吉三郎と上方の人気を二分した三世中村歌右衛門《なかむらうたえもん》が由来の「芝翫茶《しかんちゃ》」という色もあり、お互いのひいきが対抗しながら着用したので、この２色が非常に流行しました。芝翫茶は壮年の通人《つうじん》、璃寛茶は若者に人気だったそうです。

路考茶《ろこうちゃ》

江戸の女性に長く愛された茶色

くすんだ茶色。江戸時代は人気歌舞伎役者が好んだ色が庶民に流行しました。路考《ろこう》は二世瀬川菊之丞《せがわきくのじょう》（１７４１〜１７７３年）の俳名。明和３（１７６６）年に「八百屋お七」の下女お杉役で着用した色で、江戸中の女性がこぞって真似したといいます。明治に至るまで女性に愛好されました。特定の人物名を冠した色名を代表する色です。

檜皮色

ひわだいろ

昔はなじみ深かった檜皮葺の色

暗い灰みの茶色。檜《ひのき》の樹皮のような茶褐色をさし、樹皮で染めた色そのものも意味します。樹皮色《きはだいろ》、木色《もくじき》とも呼ばれます。平安時代からの古い色名で、『源氏物語』にも襲《かさね》の色《いろ》目《め》や檜皮色の紙が描写されています。当時は檜皮で屋根を葺《ふ》いた檜皮葺《ぶき》がよく知られていて、庶民も暮らしのなかで目にする機会が多い色だったと思われます。

江戸茶《えどちゃ》

小袖の色に愛用された流行色

赤と黄みの深い茶色。江戸時代前期に流行した色で、江戸好みの茶色という意味からこの名がつきました。楊梅《やまもも》で下染めをして、蘇芳《すおう》や茜《あかね》で赤みを加えて染めます。新しい趣向の粋な色として、「鶯色《うぐいすいろ》」や「憲法染《けんぽうぞめ》」とともに小袖の染め色などに広く愛好されました。江戸後期には当代一番の茶色という意味で、「当世茶《とうせいちゃ》」とも呼ばれています。

鶯茶《うぐいすちゃ》

日本を代表する鳥が由来

暗い黄緑色。さえずりが美しい日《に》本三鳴鳥《ほんさんめいちょう》の1種に数えられる鶯の背中の色に茶色を掛けた色です。鶯は万葉の時代から春告鳥《はるつげどり》として愛されてきましたが、「鶯色」の色名が定着した正確な時期は不明です。鶯色と同一ともされますが、茶色系統が全盛の江戸文化では、羽の茶色を強調した「鶯茶」の人気が女性に高かったようです。

煉瓦色《れんがいろ》

文明開化を象徴する色

赤みが強く明るい茶色。粘土に砂や石灰などを混ぜて焼く煉瓦は、原料によって色が異なりますが、赤煉瓦の色が代表的です。明治時代になると続々と建てられた西洋建築物で急速に普及し、東京駅や横浜の赤煉瓦倉庫をはじめ街中に煉瓦色があふれます。文明開化の象徴として、明治の文学者や知識人がこぞってこの色名を使いました。

土器色

かわらけいろ

着物にも使われた古来の黄褐色

素焼きの土器のようにくすんだ黄褐色。神前に供えたりするような釉《ゆう》薬《やく》をかけない陶器の色です。土器は、平安時代には宮中の日用の器に用いられていましたが、時代が下ると行燈《あんどん》の油皿となり、さらに見晴らしのよい高所から投げて空中で風に舞うさまを楽しんだ土器投げという遊びに使われたそうです。『手鑑模様節用《てかがみもようせつよう》』に「びわ茶、俗にかわらけいろといふ」とあり、「枇杷茶《びわちゃ》」「土器茶《どきちゃ》」ともよばれます。土器色は中世の頃から土器のほかに着物の色にも用いられました。鎌倉時代の武士たちは、上流の婦人が外出時に顔を隠して頭から被った衣かづきや古くなった布の色を土器色で表したようです。

弁柄色

べんがらいろ

茶屋の軒先に残る赤色顔料の色

暗い赤みの茶色。紅殻《べにがら》、紅柄《べにがら》、榜葛剌《べんがら》とも表記されます。弁柄は土の中で酸化した鉄分を主成分とした赤色顔料です。日本での歴史は朱《しゅ》と同じくらい古く、旧石器時代の遺跡から出土した土器の彩色に弁柄が用いられています。インドのベンガル地方が良質の産地だったため、当て字によるこの色名がつきました。日光に当たっても変色しにくく耐熱性にも優れることから、壁、瓦、柱、格子戸など建造物の塗料に用いられています。当時の遊郭や茶屋町では、黒板塀と弁柄格子や壁の赤色が美しいコントラストをみせました。現代でも浅草の雷門、京都の祇園《ぎおん》、金沢のひがし茶屋街などに往時の面影が残っています。

雀色

すずめいろ

日本人には親しみのある雀の頭、羽の色

灰みの茶褐色。雀の頭や羽の色からついた色名。雀茶、雀頭色《じゃくとういろ》ともいいます。人里に生息するスズメ科雀の名はすでに『古事記』でみられ、古くから日本人になじんだ鳥だとわかります。突然変異のアルビノの白雀《しろすずめ》が神聖視されて、聖武《しょうむ》天皇や桓武《かんむ》天皇などに献上された記録があります。時代が下ると雀は親しみのある存在として、数多く和歌や俳句や民話のモチーフになりました。色名は近代のもので、茶色系統が庶民に愛好された江戸時代だろうと思われます。夕暮れどきの空を雀色とも形容します。「沙金《しゃきん》は、おれの行《ゆ》く時刻を見はからって、あの半蔀《はじとみ》の間から、雀色時《すずめいろどき》の往来をのぞいている」（芥川龍之介「偸盗《ちゅうとう》」）。

丁子色

ちょうじいろ

丁子の蕾で染めた、芳しい茶色

やわらかい薄茶色。平安時代からの伝統色名です。開花直前に摘み取った丁子《ちょうじ》の蕾《つぼみ》で染めた色です。丁子はクローブの和名で、東南アジア原産のフトモモ科の常緑高木。生薬やお香や香辛料にも使われる香木です。殿上人《てんじょうびと》にだけ許された希少なものでした。芳《かぐわ》しい香りから「香《こう》色《いろ》」の別名もあります。江戸時代には紅花《べにばな》と梔子《くちなし》で代用されました。

琥珀色

こはくいろ

仏教の七宝のひとつ、美しい琥珀に似た色

黄みを帯びた茶色。古くから日本で貴重な石のひとつだった琥珀に似た色。旧石器時代の遺跡から出土している琥珀は、地質時代のマツ科植物の樹脂の化石で、仏教の七宝のひとつです。芥川龍之介、夏目漱石、堀辰雄ら戦前の作家たちは詩情を込めて、ウイスキーを「琥珀色の液体」と表現しました。色名になったのは近代です。

胡桃色《くるみいろ》

紙や布の染色にも使われた胡桃の色

くすんだ黄赤。クルミ科胡桃の果実の硬い核の色をさします。胡桃の樹皮や果皮の煎汁《せんじゅう》で染めて、灰汁《あく》で媒染《ばいせん》します。紙の染料にもなっていて、『正倉院文書《もんじょ》』に「胡桃紙」の名称があります。『枕草子』や『源氏物語』にも、胡桃色の紙が登場します。平安時代には布の染色にも使われていました。襲《かさね》の色目《いろめ》は「表香色《こういろ》、裏青」です。

枯色《かれいろ》

人々に愛された、枯れた後の色合い

冬枯れ草のようなくすんだ色合い。枯草色《かれくさいろ》とも呼ばれます。淡い黄系統を冬の衣装に用いると、秋の名残の風情が漂います。襲の色目では枯野という名称です。江戸時代には晴れた冬の日に郊外の冬枯れの景色を見て歩く「枯れ野見《かのみ》」が行われていて、向島あたりが名所でした。江戸の人は花見や紅葉狩りと同様に、冬の色彩も愛《め》でたのです。

生壁色

なまかべいろ

江戸の流行色、茶と鼠を兼ね備えて

灰みがかった黄褐色。塗り立てで水分を含む土壁の色を表します。江戸時代にもっとも好まれた茶と鼠《ねず》の2色をかねそなえた色。おおいに受け入れられたゆえか、生壁色を基調とした多くの色が派生しています。青みがかった「藍生壁色」、紫がかった「藤生壁色」、灰緑がかった「利休生壁色」、藍生壁に赤みを含んだ「江戸生壁」などがあります。

海松茶

みるちゃ

中高年の庶民に愛された色

茶色を帯びた深い緑。海の浅瀬の岩に生える海藻の海松《みる》のような暗い色。海松は古くから食用されていて、『万葉集』にその名がみられます。「海松色」は近世の庶民文化でとくに愛好された古典色名で、海松茶をはじめ、「海松藍」「藍海松茶」「海松青」「黄海松茶」「素海松茶」などの色名があります。落ち着いた色が中高年に流行しました。

黄土色《おうどいろ》

大地を表現する、黄色みの茶色

黄色がかった茶色。黄土は、広く北半球の地表を覆う堆積土層です。旧石器時代の最古の洞窟壁画にも用いられている人類最古の顔料のひとつで、古代中国では大地を象徴する根源的な色でした。古くから絵画の下塗りや壁の塗料にも使われました。染色もされていましたが、黄土以外の染料による同系色もこの名で呼びます。近代以降の色名です。

白茶《しらちゃ》

「白茶ける」の語源の色

白みの薄茶で、英名のベージュに当たる色。色が褪《あ》せて白っぽくなった状態を「白茶ける」と表すように、慣用句になっています。江戸時代の元禄期頃に流行したのは比較的濃い茶色系統でしたが、文化・文政期以降に茶人《ちゃじん》や通人《つうじん》に白茶をはじめ薄い色が粋だとしてもてはやされました。明治になって、女性の服飾にも白茶が定着しました。

羊羹色

ようかんいろ

近代に生まれた、和菓子由来の色

淡い赤みの紫黒色。餡に砂糖を入れて蒸す、あるいは寒天で餡を固めた和菓子の羊羹は、今日でもすっかりおなじみの棹物《さおもの》菓子のひとつです。桃山時代以降に、茶道におけるお菓子として成立しました。その色をさして江戸時代に生まれた色名で、何度も染め抜いた濃い茶色の「百《もも》塩茶《しおちゃ》」とほぼ同色とされます。黒や濃紫《こきむらさき》が褪色《たいしょく》して赤みがかったようにみえる色調から、色褪せた僧侶の僧衣や無頼の武士の袴、とくに黒紋付の褪色など、少々冴えない色の形容に用いられることが多かったようです。時代劇の衣装にもその考証がみられ、悪役の浪人は黒ではなく羊羹色の着流しで登場します。

栗色

くりいろ

毛髪の形容に使われる、秋の栗の色

黒みがかった茶色。ブナ科栗の実の皮のように濃い茶色をさします。平安時代には、栗皮色《くりかわいろ》の色名でもう少し赤っぽい色がみられます。江戸時代に茶色の流行とともに、栗色と聞いて現在のわたしたちが思い浮かべる栗の皮の色になったようです。「栗色の髪」や、濃い茶色の毛並みの馬を「栗毛」と呼ぶなど、人や動物の毛の形容にも使われる色です。

代赭色

たいしゃいろ

布の染色にも使われる顔料の色

褐色を帯びた赤色。赤土《あかつち》からつくられる天然の酸化鉄顔料の色をさします。赤土（赭土《そほに》）は赭《そほ》ともいって、とくに中国の代州《だいしゅう》（山西省）で採取される良質の土が代州赭と呼ばれ有名でした。その顔料名が省略されて代赭となり、色名にも定着しました。日本画の代表的な赤褐色絵具で、近代になって布地の染色にも使われるようになりました。

飴色《あめいろ》

昔ながらの水飴の色

透明感のある褐色みの橙。澱粉《でんぷん》に麦芽の酵素を加えてつくる古来の水飴の色。すでに『日本書紀』に「水無飴」の記述があり、甘味料に用いた平安時代には専門店もあったようです。江戸時代になって固形のお菓子として一般に親しまれました。使い込んだ革製品の色のほか、香りが出るまでタマネギをよく炒めるときにも「飴色」と表現されます。

狐色《きつねいろ》

数少ない、動物の名前がついた色

狐の背中の毛皮のような赤みを帯びた黄褐色。室町時代から好まれた色ですが、獣の名がつく色名は敬遠されたようで、美しさの形容にはほとんど使われていません。江戸時代に入ると通俗的に用いられ、当時の料理本に揚げ物や焼き物がこんがりと焼けた目安の色として登場します。現代のレシピでも欠かせない色名となりました。

媚茶

こびちゃ

名前通り人の心を刺激する色

暗い灰みの黄。もとは色が似ていることから「昆布茶《こぶちゃ》」と呼ばれていましたが、その後、江戸の人々が流行色名に転訛《てんか》させました。異性に媚びるような艶っぽい色ということで、媚茶とされたようです。『御《お》ひいなかた』（小袖雛形本の元祖。寛文6・1666年）以来、江戸中の女性に流行し、人の気をそそる色として現代に色名が生きています。

千歳茶《せんさいちゃ》

縁起のよい名前が好まれた色

黒ずんだ黄緑みの灰色。仙斎茶とも書き、「せんざいちゃ」とも読みます。ともに由来は不明ですが、もとの色名が仙斎茶で、後から当てた「千歳」の縁起のよさが一般に好まれたと考えられます。「鶯色《うぐいすいろ》」や「媚《こび》茶《ちゃ》」などと同じ楊梅《やまもも》の皮を染料に用いています。文政の頃、京阪で婦人の紋付や男子の木綿に使われました。「千歳緑」という色もあります。

朽葉色

くちばいろ

いくつもの派生を持つ、平安の愛され色

灰みの赤みを帯びた黄色。秋に木々が落とす葉の色を模しています。「朽葉四十八色」といわれるほど王朝人《おうちょうびと》は落葉の微妙な色彩の違いを見分けていました。その感性をいかんなく発揮した「赤朽葉」「青朽葉」「黄朽葉」などの色名が残っています。もののあわれを美学とする平安朝で大変好まれた色名のようで、染、織、襲《かさね》に使われています。

黄櫨染

こうろぜん

天皇が着用される袍の色

淡く赤みがかった茶色。ウルシ科櫨《はぜ》の若芽の煎汁《せんじゅう》に蘇芳《すおう》を何度も重ね染めした色です。嵯峨天皇（786〜842年）以来、天皇が儀式で着用される袍《ほう》の色で、もっとも厳格な禁色《きんじき》です。今上《きんじょう》天皇も召される太陽を象徴したこの色は光の当たり具合で色彩が複雑に変化します。複製困難な中間色で、歴代天皇の袍によっても色が異なるといいます。

桑染

くわぞめ

粋人に好まれた品のある色

黄みよりのくすんだ褐色。古来、日本で栽培されていたクワ科山桑の根や樹皮の煎汁《せんじゅう》を灰汁《あく》で染めた色で、本草学《ほんぞうがく》と一緒に中国から伝わった染法だといわれています。奈良時代の『養老律令《ようろうりつりょう》』の「衣服令《えぶくりょう》」では、初位《しょい》（最下位の位階《いかい》）以上の色とされていますが、平安時代中期の『延喜式《えんぎしき》』では、服色に採用されませんでした。桑の木には色素が少ないため何度も染め重ねなければならず、その品のある色みが粋人に好まれました。淡く黄みがかった白茶《しらちゃ》の桑染は「桑色白茶」と呼ばれます。江戸時代後期に、この色に染めた木綿足袋が伊達者《だてしゃ》（粋な身なりのおしゃれな人）の間で流行したそうです。

浮世風俗
美女競
英泉画

唐茶色

からちゃいろ

古の日本で「新しい」「美しい」の象徴だった「唐」

黄みの灰色がかった赤。渡来染料の丁子《ちょうじ》で染めた茶色をいいます。日本は奈良時代に大唐《だいとう》帝国の強い影響を受けて文化を確立したので、中国国家が変遷していった江戸時代においても、中国からの渡来品を変わらずに「唐物《からもの》」といって珍重しました。本来の呼び名は唐茶《とうちゃ》で、中国渡来の煎茶のことをいいます。さらに、この色名に使われている唐には、中国風の茶色という由来のほかに、「新しい」「美しい」という修飾語としての意味もあります。このほかに薄い黄みの「黄《き》唐茶《がらちゃ》」や、少し黒みを帯びた「宗伝《そうでん》唐茶」などの色名が、井原西鶴の浮世《うきよ》草子《ぞうし》や近松門左衛門の浄瑠璃に登場しています。

鳶色

とびいろ

どこか風情のある日本人と近かった鳥の色

暗い赤みの茶色。猛禽《もうきん》の鳶《とび》（「とんび」とも）の羽に似た暗い茶色をさします。江戸時代中期に、よく染色名に用いられた色名のようです。江戸時代には奢侈禁止令《しゃしきんしれい》に抵触しない茶色の染色が流行しました。日本では数少ない鳥の名前を冠した色名のひとつです。当時の鳶は人里付近にもよく飛んでいて、なじみ深い鳥でした。瞳や髪の色にも用いられる色名で、単純に焦茶色ではなく、「鳶色の瞳」「鳶色の髪」と表すとロマンティックな余韻が残ります。夏目漱石は『永日小品《えいじつしょうひん》』の「暖かい夢」で、「その帯の色は朝から鼠色《ねずみいろ》であるが、しだいしだいに鳶色に変じて来た」と移り変わる空の色を表現しました。

7章 黒・白系の伝統色

墨

すみ

書や水墨画を生み出した人類最古の染料のひとつ

鈍い灰みの黒。煤《すす》を膠《にかわ》で練って香料を加え、型に入れて固めた墨の色をさします。木などを焼いたときに出る炭や煤は、人類最古の染料と絵具のひとつです。ラスコー洞窟の壁画に使われている黒も、木や骨を焼いた炭を獣脂に混ぜたものでした。炭や煤から古代中国が発明した墨は、書や水墨画の文化を生み出しました。松を燃やしてつくる松煙墨《しょうえんぼく》と、菜種、胡麻、桐などの油を燃やしてつくる油煙墨《ゆえんぼく》に大別されます。日本では、古くから奈良に墨の技術と名工が集まっていて、現代でもシェア90%を誇る名産地として知られます。墨色に染めた墨染は、古くは下位の者が着用する色、喪服、僧の衣の色とされていました。

教訓
親の目鑑
哥麿筆

鼠色

ねずみいろ

茶と並んで、多くの派生色が生まれた色

鼠の毛のように青みがかった黒と白の中間色。英名のグレー。奢侈禁《しゃしきん》止令《しれい》によって色が制限された江戸時代は、許された茶色系統、紺色系統、鼠色系統の染色が成熟し、多様な中間色を生みました。とくに鼠色は、「四十八茶百鼠《しじゅうはっちゃひゃくねずみ》」の言葉があるように数多くの派生した色があります。素手や素肌のように、混じりけのない基調の鼠色を素鼠といいます。

藍鼠

あいねず

人々の創意工夫から生まれた中間色

灰みの渋い青色。「あいねずみ」とも読み、青鼠《あおねず》、藍生鼠《あいおいねず》、藍味鼠《あいみねず》などともいいます。「鼠色《ねずみいろ》」から派生した1種類で、青みがかった色です。江戸時代に高価な紫根《しこん》や紅花《べにばな》での染色を禁じられた庶民は、安価な染料で染められる茶色系統、紺色系統、鼠色系統の組み合わせを工夫し、限られた染料でセンスを発揮して洒落た中間色を膨大につくりました。

消炭色《けしずみいろ》

夏目漱石の作品にも出てくる灰色

黒に近い灰色。燃えた薪の火を途中で消したもの、あるいは木炭を消したときにできるやわらかい炭を消炭《けしずみ》といいます。「墨色《すみいろ》」ほど深い黒色ではなく、英語のチャコール・グレー、もしくはチャコール・ブラックに相当します。明治時代からの色名とみられます。「胴中《どうなか》にただ一《ひと》葉《は》、消炭色の中に取り残された緑が見える」（夏目漱石『永日小品《えいじつしょうひん》』）。

漆黒《しっこく》

艶やかな美しい黒

黒漆塗りの漆器のように、艶のある黒。単なる黒色ではなく、黒の美が伝統文化に昇華された濡れ色です。「漆黒の闇」「漆黒の髪」という表現があるように、ほかの色が入り込む余地がなく、また色褪《あ》せることもない真の黒という意味で、純黒《じゅんこく》ともいわれます。黒は、日本最古の色名である白と対を成す色として同時期に生まれたと考えられます。

橡色

つるばみいろ

団栗から生まれた染料の色

薄茶から黒に近くなった色。橡《つるばみ》は櫟《くぬぎ》の古名で、櫟、楢《なら》、柏《かしわ》、樫《かし》などブナ科の落葉高木の実である団栗《どんぐり》を砕いて煎じた染料です。橡で染めた後に鉄分を含む液で発色させた色で、後世、鉄媒染《てつばいせん》なしの色は「黄橡《きつるばみ》」といって区別しました。奈良時代頃までは下級の者の色とされましたが、寛弘《かんこう》（１００４年～）以降は四位以上の袍《ほう》の色との記録があります。

灰汁色

あくいろ

生活に密着した染料の色

わずかに黄みを含む濁った灰色。灰汁《あく》は、古くは藁《わら》や木の草木灰《そうもくばい》に湯を注いで抽出した上澄み液のことで、古代から知られる染料です。また、色を繊維に定着させる媒染剤《ばいせんざい》、繊維の漂白、洗剤としても欠かせないものでした。江戸時代の言葉に、洗練されたさまを表す「垢抜ける」がありますが、同時代の同義語に「灰汁抜ける」があります。

黒橡色

くろつるばみいろ

貴族階級の色に転じた特別な黒色

青みのある黒がかった灰色。橡《つるばみ》は櫟《くぬぎ》の古名で、実の団栗《どんぐり》は古くから染色に用いられてきました。団栗の煎汁《せんじゅう》と組み合わせる媒染《ばいせん》によって異なる色を染めることができます。媒染なしでは亜麻色に近く、鉄媒染では黒橡色《くろつるばみいろ》、灰汁《あく》を使うと黄みの白茶《しらちゃ》で「黄橡《きつるばみ》」となります。奈良時代に橡といえば、黒橡色をさしたようです。古来、黒は身分の低い者が着用する色でしたが、『延喜式《えんぎしき》』に茜《あかね》を加えた橡染が記載されると貴族階級の色となって、一条天皇の寛弘《かんこう》（1004年〜）以降は、四位以上の袍《ほう》の色に昇格しました。黒橡色は貴人の喪服、僧衣に用いられる色として、一般の黒とは一線を画す色となったのです。

鈍色《にびいろ》

喪に服すときにまとわれた色

淡いものから、かなり濃いトーンまでを含む墨色。平安時代からの伝統色名で、灰がかった鈍い色を一般に表しました。染める回数によって、濃淡を変えて段階的に染め上げることができます。喪に服する色で、亡くなった人が近しい場合ほど濃い鈍色を着用したようです。「夕暮れの雲のけしき、鈍色に霞みて」（紫式部『源氏物語』）。

利休鼠《りきゅうねずみ》

稀代の茶人の名にちなんだ色

緑みの灰色。江戸時代後期から明治時代に流行した色名です。侘茶《わびちゃ》を追求した茶人《ちゃじん》の千利休（１５２２～１５９１年）が由来で、抹茶の色感からきたとされます。詩人の北原白秋（１８８５～１９４２年）が作詞した「城ヶ島の雨」の冒頭では、「雨はふるふる　城ヶ島の磯に　利休鼠の雨がふる」と、緑の上に降る雨の情景が歌われています。

今様風俗
三枚つゞき
菊川英山筆

鳩羽鼠

はとばねず

和服の色として流行した鳩の羽に近い色

ほんのり紫みを帯びた鼠色。はとばねずみとも読み、「鳩羽色《はとばいろ》」ともいわれます。紫にも茶にも見える色みが加わって、複雑な奥行きを与えています。江戸時代に細やかに染め分けられて多くの色名が生まれた鼠系統のひとつで、山鳩（雉鳩《きじばと》、緑鳩《あおばと》）の背中の羽色が色名の由来です。伝統色名の「山鳩色」（天皇の御衣《おほんぞ》である「麴塵色《きくじんいろ》」の別名）とは異なる色として、区別されています。明治から大正初期に藤色とともに和服の地色として流行しました。さらに昭和初期に再び流行をみせ、「納戸《なんど》色《いろ》」と一緒に銘仙《めいせん》の隆盛期に代表的な地色になっています。より鮮やかな紫をした同系統の色に、「鳩羽紫《はとばむらさき》」があります。

七一八

灰桜

はいざくら　**ぬくもりのある、女性的な色み**

薄くて明るい灰色に、桜の花びらのような品のよい淡紅色《たんこうしょく》がわずかにさした色。鼠系統の色ではもっとも明るく、ぬくもりのある色です。同系統に、桜色に薄墨がかった「桜鼠《さくらねず》」がありますが、灰みの桜色をした灰桜のほうがやわらかな風合いがあります。鼠色が流行した江戸時代後期以降の色名だと思われます。

梅鼠

うめねず　**さまざまに派生した鼠色のひとつ**

紅梅の花のような赤みのある鼠色。梅を染料として、鉄媒染《てつばいせん》で染めた色です。梅には特産地である豊後《ぶんご》の別名もあることから、豊後鼠《ねず》ともいわれます。幕府に染色の数を規制されたなかで、江戸時代後期から鼠のつく色名が数多く生まれています。人々がさまざまな色の掛け合わせと濃淡を工夫して、微妙な色彩の違いを楽しんだ鼠系統のうちの一色です。

鉛色

なまりいろ

今日の暮らしにもなじみ深い、青みの鼠色

淡い青みの鼠色。鉛は加工がしやすくて耐蝕性に優れるため、古くから顔料に使われてきました。鉛自体は光沢のある明るい灰色をしていますが、色名で鉛色と示される色は、銀色や錫色《すずいろ》よりも暗く、磨かれていない金属の錆びた色合いを意味した鈍い灰色だといえます。日本の伝統色名には鉱物の名前がついた色名が少ないといわれますが、金属も同じで、そのままの色を表す色名は多くありません。明治以降に生まれた色名のようです。現代でも、いまにも雨が降り出しそうな曇天や、どんよりとした海の情景を表す「鉛色の空」や「鉛色の海」という表現がよく用いられています。

空五倍子色《うつぶしいろ》

お歯黒の材料にも使われた色

わずかに紫がかった灰みの焦茶色。ウルシ科白膠木《ぬるで》の葉に、ヌルデノミミフシという虫が寄生してできたコブを付子《ふし》あるいは五倍子《ごばいし》といいます。そのコブを煮沸し、皮のタンニン酸で染めた薄墨色のことです。コブの中は空洞なので空の字がつきました。平安時代の公家、武士、江戸時代の既婚女性が行っていたお歯黒の材料にも使われています。

憲房色《けんぽういろ》

吉岡染とも呼ばれる黒みの茶色

かなり黒みが強い茶色。濃く煎じた楊梅《やまもも》と煎じ鉄漿《かね》で何度も染め重ねた黒茶染の色です。憲法色とも書き、吉岡染《よしおかぞめ》ともいわれます。江戸時代初期の兵法家《ひょうほうか》で吉岡流剣法の祖・吉岡直綱《なおつな》が創始して同家に伝わった色で、直綱の号である憲房《けんぽう》が色名の由来です。直綱の生没年は不詳ですが、伝記で宮本武蔵と試合をした人物と伝えられています。

胡粉

ごふん

ネイルや石鹸にも使われている天然顔料の色

固有の白色顔料の色をさします。胡の国（西域）からもたらされた粉の意味から、中国で「胡粉《ごふん》」と呼ばれた顔料で、奈良時代に渡来しました。しかし当時、胡粉とされたのは「鉛白《えんぱく》」のこと。鉛白は湿度が高いと黒く変色し、人体への毒性もあったため、鎌倉時代からは板甫牡蠣《いたぼがき》などの貝殻を焼いて砕き、粉末にした胡粉が用いられるようになりました。より白色度の高いものには蛤《はまぐり》が用いられたといいます。日本画の白色絵具だけではなく、建物の彩色にも使われています。石灰石に同じ処理を施してつくる顔料も胡粉と呼ばれます。貝殻からつくる天然顔料として、現代ではネイルや石鹸にも活用されています。

灰白色《かいはくしょく》

微妙なニュアンスがある灰みの白

わずかに灰みを含んだ白色。白に近く、ほかに形容しがたい色の総称でもあります。白と灰をはじめ、境界があいまいな色にも固有の色名をつけることから、日本人の色彩への細やかな観察眼と美学が窺えます。「工場の白い門と大きな灰白色の建物ばかりが埃《ほこ》りっぽく見えるだけで、妙に面白くない通りであった」（北原白秋『フレップ・トリップ』）。

乳白色《にゅうはくしょく》

ミルク色を表す貴重な色

乳のようにわずかに黄みのある不透明な白色。遊牧や酪農の文化がなかった日本では、中国や欧米だと知らない人がいないミルク色を表す色名がなく、現存するのは乳白色《にゅうはくしょく》くらいです。靄《もや》や温泉の湯の色の表現によく使われます。また、藤田《ふじた》嗣治《つぐはる》が生前に決して色の秘密を明かさなかった裸婦像の特徴的な肌が、「乳白色の肌」と評されています。

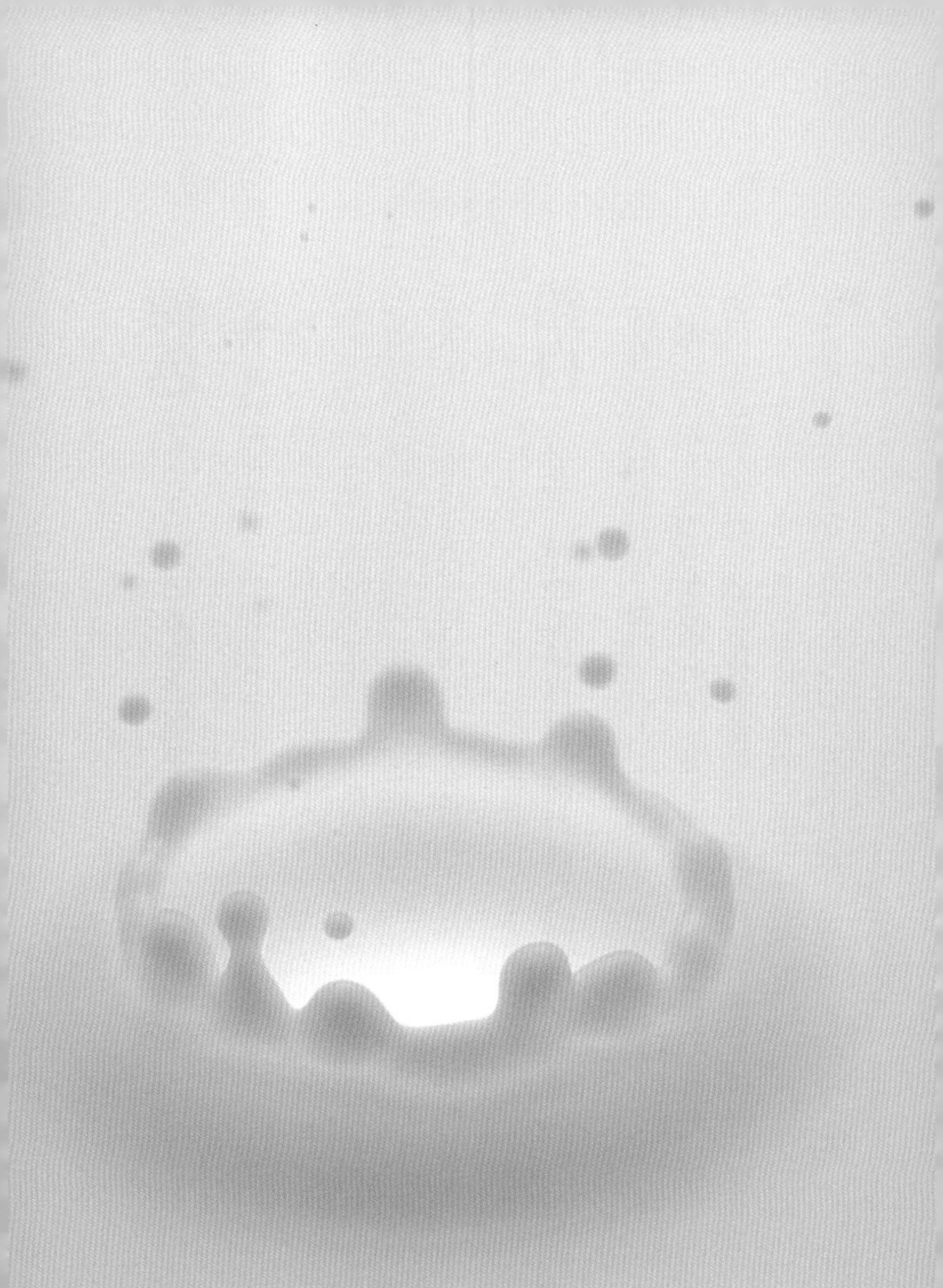

練色《ねりいろ》

絹の糸を表現する、黄みの白

ごく淡い黄みがかった白。平安時代からの色名で、漂白する前の練糸《ねりいと》の色です。練糸とは、繭を煮た生糸を手で練り上げて膠質《にかわしつ》を落とし、白い光沢とやわらかい手触りを出した絹糸のこと。現代では絹以外の布地にも用いられる色名です。清少納言は『枕草子』で、「練色の衣《きぬ》どもなど着たれど、なほ単衣《ひとえ》は白うてこそ」と単衣は白がよいといっています。

鉛白《えんぱく》

かつては白粉に使われた、顔料の色

固有の白色顔料の色。鉛白は、人工の白では最古の顔料です。古代ギリシャでは紀元前から製造されていました。日本では白粉《おしろい》、絵具、塗料に用いられましたが、強い毒性があることがわかってから、白粉には使われなくなりました。名歌舞伎役者の五世中村歌右衛門《なかむらうたえもん》（１８６５〜１９４０年）は、鉛毒に侵されながら芝居を続けたことでも有名です。

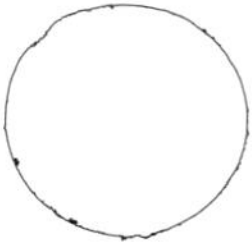

卯の花色

うのはないろ

「卯月」の由来ともいわれる花の色

わずかに青みがかった白。卯の花とは、ユキノシタ科の落葉低木である空木《うつぎ》の別名です。雪や白波にもたとえられる初夏に咲く白い小さな5弁花《べんか》の色が由来。文学的な色名です。伝統色名のなかでも代表的な白色で、平安時代の襲《かさね》の色目《いろめ》は「表白、裏萌黄《もえぎ》」のほか表裏ともに白などがあります。卯の花は古くから日本各地に自生していて、白さを形容する言葉になっていました。『万葉集』には24首も詠まれていて、後世、俳句では夏の季語とされています。陰暦の4月頃に咲くので、「卯の花の咲く月」として、4月を「卯月」としたという説があります。豆乳を搾った残りを卯の花というのは色と形状が似ているためです。

砥粉色《とのこいろ》

黄土を粉にした、「砥粉」の色

やや灰色がかった薄茶色。砥石を切り出すときや刃物を研いだときに出る砥石の粉、または黄土を焼いて粉にしたものを砥粉といい、その色をさした色名です。現代では、薄いベージュがもっとも近い色みです。砥粉の粉は漆器の下塗り、板や柱などの色付け、刀剣などを磨くときに使われてきました。また、役者が厚化粧の下地にも用いたそうです。

白土《はくど》

古代絵画の修復にも必要な顔料の色

白い土の色をさします。「しらつち」ともいわれる白土《はくど》は、熱水で変質した岩石に含まれる鉱物。耐火性が強いので陶磁器に用いられてきました。古くは法隆寺の金堂壁画など上代《じょうだい》の絵画の下地や絵具に用いられていて、古代絵画の修復や模写に欠かせない顔料です。現代では、石油製品の精製から園芸の根腐れ防止まで幅広く利用されています。

色見本

※CMYKの数値は、
日本色彩研究所の数値に
準じています。

茜色《あかねいろ》
C0 M100 Y60 K35

躑躅色《つつじいろ》
C3 M90 Y16 K0

猩々緋《しょうじょうひ》
C4 M91 Y97 K0

牡丹色《ぼたんいろ》
C18 M82 Y0 K0

紅《くれない・べに》
C6 M88 Y41 K14

蘇芳色《すおういろ》
C52 M86 Y63 K0

真朱《しんしゅ》
C0 M85 Y85 K10

退紅《あらぞめ・たいこう》
C13 M58 Y36 K0

葡萄色《えびいろ》
C34 M97 Y60 K60

洗朱《あらいしゅ》
C0 M70 Y73 K10

薄紅《うすべに・うすくれない》
C0 M60 Y38 K26

臙脂色《えんじいろ》
C34 M100 Y74 K7

銀朱《ぎんしゅ》
C0 M83 Y70 K0

韓紅《からくれない》
C0 M80 Y45 K0

小豆色《あずきいろ》
C0 M70 Y50 K60

鴇色《ときいろ》
C0 M50 Y10 K0

桜色《さくらいろ》
C0 M16 Y5 K0

紅絹色《もみいろ》
C28 M85 Y59 K0

緋色《あけいろ・ひいろ》
C13 M90 Y95 K0

撫子色《なでしこいろ》
C0 M50 Y16 K4

黄蘗色《きはだいろ》
C15 M20 Y92 K0

鬱金色《うこんいろ》
C0 M35 Y100 K0

桃色《ももいろ》
C0 M62 Y31 K0

芥子色《からしいろ》
C0 M14 Y70 K25

承和色《そがいろ》
C3 M0 Y95 K0

一斤染《いっこんぞめ》
C0 M13 Y8 K0

菜種油色《なたねあぶらいろ》
C0 M10 Y50 K40

刈安色《かりやすいろ》
C18 M10 Y95 K0

赤白橡《あかしろつるばみ》
C10 M37 Y37 K8

萱草色《かんぞういろ》
C0 M46 Y78 K0

菜の花色《なのはないろ》
C0 M3 Y80 K0

紅梅色《こうばいいろ》
C3 M54 Y20 K0

女郎花色《おみなえしいろ》
C8 M4 Y95 K0

卵色《たまごいろ》
C0 M30 Y57 K0

今様色《いまよういろ》
C4 M79 Y40 K20

柑子色《こうじいろ》
C0 M40 Y75 K0

鳥の子色《とりのこいろ》
C0 M7 Y30 K0

蒲色《かばいろ》
C0 M85 Y88 K15

洗柿《あらいがき》
C0 M35 Y50 K10

纁《そひ》
C0 M50 Y60 K8

山吹色《やまぶきいろ》
C0 M40 Y96 K0

茄子紺
なすこん
C68 M53 Y38 K68

浅葱色
あさぎいろ
C96 M26 Y32 K3

梔子色
くちなしいろ
C0 M30 Y79 K0

縹色
はなだいろ
C98 M62 Y18 K0

千草色
ちぐさいろ
C52 M10 Y35 K0

橙色
だいだいいろ
C0 M63 Y100 K0

留紺
とめこん
C80 M50 Y0 K80

水色
みずいろ
C40 M0 Y5 K0

曙色
あけぼのいろ
C0 M62 Y58 K0

褐色
かちいろ
C87 M76 Y0 K72

藍色
あいいろ
C100 M76 Y20 K43

照柿
てりがき
C10 M70 Y58 K15

御召茶
おめしちゃ
C37 M4 Y10 K58

紺色
こんいろ
C100 M90 Y30 K53

黄丹
おうに
C0 M68 Y68 K0

甕覗
かめのぞき
C32 M0 Y14 K0

空色
そらいろ
C50 M0 Y3 K0

朱華色
はねずいろ
C0 M50 Y50 K0

桔梗色
ききょういろ
C82 M73 Y0 K0

鉄紺
てつこん
C76 M50 Y10 K90

赤朽葉
あかくちば
C0 M60 Y70 K0

柳色
やなぎいろ
C44 M12 Y63 K0

青鈍
あおにび
C20 M0 Y0 K70

新橋色
しんばしいろ
C67 M4 Y26 K0

緑青
ろくしょう
C76 M24 Y62 K21

納戸色
なんどいろ
C100 M40 Y31 K30

群青色
ぐんじょういろ
C90 M71 Y0 K0

青丹
あおに
C43 M12 Y70 K50

錆御納戸色
さびおなんどいろ
C50 M0 Y0 K73

瑠璃色
るりいろ
C100 M74 Y0 K0

苔色
こけいろ
C62 M42 Y83 K8

萌黄
もえぎ
C56 M8 Y95 K0

露草色
つゆくさいろ
C90 M36 Y0 K0

抹茶色
まっちゃいろ
C33 M15 Y60 K0

苗色
なえいろ
C25 M0 Y100 K30

舛花色
ますはないろ
C70 M0 Y0 K40

若竹色
わかたけいろ
C60 M0 Y55 K0

草色
くさいろ
C63 M31 Y85 K0

水浅葱
みずあさぎ
C45 M4 Y14 K0

青竹色
あおたけいろ
C76 M0 Y50 K30

若緑
わかみどり
C40 M0 Y50 K0

熨斗目色
のしめいろ
C30 M0 Y0 K65

紫
むらさき
C48 M80 Y0 K0

若葉色
わかばいろ
C35 M0 Y47 K4

鶸色
ひわいろ
C28 M10 Y95 K0

濃色
こきいろ
C45 M68 Y44 K73

青磁色
せいじいろ
C60 M8 Y48 K0

若草色
わかくさいろ
C33 M0 Y92 K0

薄色
うすいろ
C20 M30 Y10 K30

深緑
ふかみどり
C100 M18 Y85 K60

裏葉色
うらはいろ
C36 M10 Y45 K0

藤色
ふじいろ
C35 M30 Y0 K0

白緑
びゃくろく
C32 M0 Y25 K0

青白橡
あおしろつるばみ
C30 M20 Y65 K33

藤紫
ふじむらさき
C40 M40 Y0 K0

松葉色
まつばいろ
C33 M0 Y60 K40

青緑
あおみどり
C85 M24 Y45 K21

菖蒲色
あやめいろ
C71 M87 Y14 K0

海松色
みるいろ
C38 M23 Y50 K58

浅緑
あさみどり
C42 M0 Y42 K0

紫苑色
しおんいろ
C72 M80 Y0 K0

木賊色
とくさいろ
C65 M0 Y60 K40

鶸萌黄
ひわもえぎ
C42 M9 Y95 K0

團十郎茶
だんじゅうろうちゃ
C34 M65 Y74 K18

竜胆色
りんどういろ
C50 M50 Y10 K0

二藍
ふたあい
C61 M65 Y25 K63

柿渋色
かきしぶいろ
C43 M72 Y71 K4

紫紺
しこん
C80 M97 Y30 K60

紅掛花色
べにかけはないろ
C45 M50 Y0 K30

璃寛茶
りかんちゃ
C0 M3 Y60 K60

似紫
にせむらさき
C44 M60 Y0 K12

半色
はしたいろ
C20 M35 Y0 K1

路考茶
ろこうちゃ
C38 M65 Y100 K0

滅紫
けしむらさき
C56 M72 Y34 K60

紅藤
べにふじ
C38 M60 Y0 K0

檜皮色
ひわだいろ
C0 M57 Y42 K69

菫色
すみれいろ
C68 M81 Y0 K0

江戸紫
えどむらさき
C80 M86 Y30 K0

江戸茶
えどちゃ
C40 M65 Y76 K0

楝色
おうちいろ
C63 M70 Y0 K0

京紫
きょうむらさき
C65 M86 Y35 K10

鶯茶
うぐいすちゃ
C37 M42 Y82 K65

茶色
ちゃいろ
C46 M75 Y100 K43

杜若色
かきつばたいろ
C80 M70 Y0 K0

代赭色
たいしゃいろ
C26 M74 Y83 K0

枯色
かれいろ
C8 M28 Y42 K0

煉瓦色
れんがいろ
C0 M70 Y70 K33

飴色
あめいろ
C0 M32 Y60 K10

生壁色
なまかべいろ
C0 M13 Y43 K50

土器色
かわらけいろ
C8 M49 Y67 K20

狐色
きつねいろ
C21 M53 Y91 K10

海松茶
みるちゃ
C30 M89 Y100 K63

弁柄色
べんがらいろ
C18 M80 Y79 K40

媚茶
こびちゃ
C0 M16 Y39 K72

黄土色
おうどいろ
C0 M35 Y70 K30

雀色
すずめいろ
C0 M70 Y80 K55

千歳茶
せんさいちゃ
C0 M20 Y80 K75

白茶
しらちゃ
C14 M28 Y37 K0

丁子色
ちょうじいろ
C20 M60 Y72 K0

朽葉色
くちばいろ
C51 M55 Y59 K1

羊羹色
ようかんいろ
C0 M50 Y70 K70

琥珀色
こはくいろ
C0 M44 Y72 K31

黄櫨染
こうろぜん
C30 M60 Y70 K15

栗色
くりいろ
C0 M70 Y80 K55

胡桃色
くるみいろ
C0 M50 Y70 K30

灰桜《はいざくら》
C16 M22 Y14 K0

漆黒《しっこく》
C70 M50 Y50 K100

桑染《くわぞめ》
C18 M30 Y64 K31

梅鼠《うめねず》
C18 M38 Y26 K50

橡色《つるばみいろ》
C20 M12 Y7 K80

唐茶色《からちゃいろ》
C0 M60 Y60 K50

鉛色《なまりいろ》
C25 M16 Y13 K62

灰汁色《あくいろ》
C0 M9 Y29 K50

鳶色《とびいろ》
C0 M65 Y60 K58

空五倍子色《うつぶしいろ》
C0 M20 Y30 K63

黒橡色《くろつるばみいろ》
C0 M0 Y0 K83

墨《すみ》
C10 M10 Y10 K100

憲房色《けんぽういろ》
C50 M50 Y50 K55

鈍色《にびいろ》
C20 M10 Y15 K75

鼠色《ねずいろ》
C0 M0 Y0 K70

胡粉《ごふん》
C0 M0 Y2 K0

利休鼠《りきゅうねずみ》
C32 M10 Y27 K65

藍鼠《あいねず》
C60 M10 Y15 K64

灰白色《かいはくしょく》
C5 M6 Y12 K0

鳩羽鼠《はとばねず》
C18 M25 Y2 K40

消炭色《けしずみいろ》
C13 M8 Y8 K90

乳白色
にゅうはくしょく
C0 M0 Y3 K0

練色
ねりいろ
C0 M3 Y15 K0

鉛白
えんぱく
C1 M1 Y3 K0

卯の花色
うのはないろ
C5 M0 Y8 K0

砥粉色
とのこいろ
C0 M8 Y15 K10

白土
はくど
C2 M0 Y2 K1

参考文献

『日本の伝統色 色の小辞典』福田邦夫著、日本色彩研究所編（読売新聞社）
『花の色図鑑　和の花色　洋の花色　中国の花色』福田邦夫著（講談社）
『色の名前』近江源太郎監修（角川書店）
『色の名前事典』福田邦夫著（主婦の友社）
『日本の２６９色』永田泰弘監修（小学館文庫）
『すぐわかる 日本の伝統色』福田邦夫著（東京美術）
『日本の色辞典』吉岡幸雄著（紫紅社）
『日本の色』コロナ・ブックス編集部編（平凡社）
『日本の四季を彩る 和みの百色』吉岡幸雄著（ＰＨＰ）
『新版　かさねの色目』長崎盛輝著（青幻舎）
『色の名前で読み解く日本史』中江克己著（青春出版社）
『日本の色 世界の色』永田泰弘監修（ナツメ社）
『日本の伝統色』浜田信義著（パイインターナショナル）
『大辞林（第３版）』（三省堂）
『世界大百科事典（プロフェッショナル版）』（平凡社）

本作品は当文庫のための書き下ろしです

和の色を愛でる会 わのいろをめでるかい

日本に古くからある伝統色の風情に魅了された者たちの会。
自然、祭り、建物、食事、雑貨など現在の暮らしにも見つけられる伝統の色合いを眺めながら、本書の写真や色名を選定した。

ビジュアルだいわ文庫

暮《く》らしの中《なか》にある日本《にほん》の伝統色《でんとうしょく》

著　者　和《わ》の色《いろ》を愛《め》でる会《かい》

2014年12月15日第一刷発行
2015年 9 月 5 日第六刷発行

発行者　佐藤 靖
発行所　大和《だいわ》書房
東京都文京区関口1-33-4　〒112-0014
電話03-3203-4511

装幀者　加藤愛子（オフィスキントン）
本文デザイン DTP　朝日メディアインターナショナル
色配合指導　日本色彩研究所
本文写真　アマナイメージズ
本文印刷　歩プロセス
カバー印刷　歩プロセス
製　本　ナショナル製本

ISBN978-4-479-30514-9
乱丁本・落丁本はお取り替えいたします。
http://www.daiwashobo.co.jp/